LA FRANCE DRAMATIQUE AU DIX-NEUVIÈME SIÈCLE.

Théâtre-Français

L'AMANT BOURRU,

COMÉDIE EN TROIS ACTES ET EN VERS LIBRES.

566.—567.

PARIS.

J.-N. BARBA,	DELLOYE,	BEZOU,
AU PALAIS-ROYAL,	RUE DES FILLES-S.-THOMAS,	BOULEVARD-S.-MARTIN,
Derrière le Théâtre-Français.	Près de la Bourse.	Et rue Meslay, n° 31.

ET AU MAGASIN GÉNÉRAL DES PIÈCES DE THÉATRE ANCIENNES ET NOUVELLES,
de Ch. TRESSE, successeur de J.-N. BARBA,
galerie de Chartres, n°s 2 et 3, derrière le Théâtre-Français, à côté de Chevet.

1839.

Les pièces de deux à cinq actes sont à 60 centimes, les autres à 30 centimes, jusques et compris JASPIN.

LA SECONDE ANNÉE, v. de M. Scribe.
L'ÉCOLE DES VIEILLARDS, comédie en 5 actes en vers de M. Cas. Delavigne.
L'OURS ET LE PACHA, v. de M. Scribe.
LE CAMARADE DE LIT, vaud. en 2 actes.
LE MARI ET L'AMANT, comédie de Vial.
LES MALHEURS D'UN AMANT HEUREUX, vaudeville en 2 actes, de M. Scribe.
HENRI III ET SA COUR, drame historique en 5 actes de M. Alex. Dumas.
UN DUEL SOUS RICHELIEU, drame vaudeville en 3 actes de M. Lockroy.
CATAS, drame en 3 actes de Ducange.
MICHEL ET CHRISTINE, v. de M. Scribe.
MARIAGE DE RAISON, vaud. 2 actes.
L'HOMME AU MASQUE DE FER, drame en 5 a. de MM. Arnould et Fournier.
LA JEUNE FEMME COLÈRE, comédie de M. Etienne.
L'INCENDIAIRE OU LA CURÉE ET L'ARCHEVÊQUE, drame en 5 actes.
LA VIEILLE, opéra comiq. de M. Scribe.
LE JEUNE MARI, c. en 3 a. de M. Mazères.
LA DEMOISELLE A MARIER, com-vaud.
LES VÊPRES SICILIENNES, trag. en 5 a.
LE BUDGET D'UN JEUNE MÉNAGE, vaudeville de MM. Scribe et Bayard.
L'AUBERGE DES ADRETS, drame en 3 act.
LOUPIFFE, vaudeville de MM. Scribe, Mélesville et Bayard.
LA DAME BLANCHE, opéra en 3 actes.
TOUJOURS, vaudeville en 2 actes.
DIX ANS DE LA VIE D'UNE FEMME OU LES MAUVAIS CONSEILS, drame en 5 a.
LE LORGNON, vaudeville de M. Scribe.
BERTRAND ET RATON, coméd. en 5 act.
UNE FAUTE, dr.-v. en 3 a. de M. Scribe.
LE CI-DEVANT JEUNE HOMME, comédievaud. de MM. Merle et Brazier.
MARIE MIGNOT, comédie historique et vaudeville en 5 actes de M. Bayard.
POURQUOI, v. de MM. Lockroy, Anicet.
RICHARD DARLINGTON, dr. en 3 actes.
LA CHANOINESSE, vaudeville de MM. Scribe et Francis Cornu.
LES COMÉDIENS, com. en 5 a. en vers.
L'HÉRITIÈRE, vaudeville de M. Scribe.
LÉONTINE, drame-vaudeville en 3 act.
LE GARDIEN, vaudeville de M. Scribe.
DOMINIQUE, comédie en 3 actes.
LE PHILTRE CHAMPENOIS, vaudeville de MM. Mélesville et Frazier.
LE CHEVREUIL, vaudeville en 3 actes.
LE CHARLATANISME, vaudeville.
VERT-VERT, v. en 3 actes de M. Leuven.
FRÈRES ET PALEFROI, comédie en vers.
UNE FÊTE DE NÉRON, tragédie en 5 actes, de MM. Soumet et Belmontet.
LE MARIAGE EXTRAVAGANT, vaudeville.
LE PAYSAN PERVERTI, drame-vaudeville en 3 actes par M. Théaulon.
PINTO, drame historique en 5 actes de M. Népomucène Lemercier.
LA CARTE A PAYER, vaudeville de MM. Merle, Brazier et Carmouche.
LE MARI DE MA FEMME, comédie en 3 actes en vers de M. Rosier.
LES VIEUX PÉCHÉS, vaudeville.
L'EAU D'INDIGENCE, coméd. en 5 actes.
ZOÉ, vaudeville de M. Scribe.
LOUIS XI, tragédie en 5 actes en vers de M. Casimir Delavigne.
DINOS CHEZ MADAME DE SÉVIGNÉ, opéra comique en vers de M. Dupaty.
ROBIN DES BOIS, opéra fantastique en 3 actes de MM. Castil-Blaze et Sauvage.
MARIUS à Minturnes, trag. de Arnault.
MARIE DUCHATEL, tragédie en 5 actes.
LES RIVAUX D'EUX MÊMES, comédie de Pigault-Lebrun.
LA FAMILLE GLINET, comédie en 5 actes.
LES MÉDITANS, c. de M. Alex. Dural.
JEANNE D'ARC, tragédie en 5 actes.
LES MARIS SANS FEMMES, vaudeville.
L'ASSEMBLÉE DE FAMILLE, comédie en 5 actes en vers de Riboutté.
MÉMOIRES D'UN COLONEL DE HUSSARDS, vaud. de MM. Scribe et Mélesville.
LE PARIA, tragédie en 5 actes.
LES DEUX MARIS, vaudeville de MM. Scribe et Varner.
LE MÉDISANT, comédie en 3 actes.

LA PASSION SECRÈTE, com. en 3 actes.
RABELAIS, vaudeville anecdotique de MM. Leuven et Charles.
LES DEUX GENDRES, comédie en 5 actes en vers, de M. Etienne.
FAYELLA, vaudeville, de M. Scribe.
TRENTE ANS OU LA VIE D'UN JOUEUR, drame en 3 actes, de Victor Ducange et M. Dinaux.
LA PART AUX CLERCS, opéra en 3 actes.
L'APOTRÉE, vaudeville, de MM. Fournier et Arnould.
LA TOUR DE NESLE, dr. en 5 actes.
CROISEMENT D'UNE FORME, vaudeville.
UNE PRÉSENTATION, OU LE COMTE DE ST-GERMAIN, comédie en 3 actes.
MADAME GIROU ET MADAME POCHET, vaud. griv. en 3 act., de M. Dumersan.
EST-CE UN RÊVE, vaudeville d'un 2 actes.
ROBERT LE DIABLE, opéra en 3 actes.
FRA DIAVOLO, opéra-com. en 3 actes.
LE DUEL ET LE DÉJEUNER, vaudeville, de MM. Ar. Gouffé et Ledoux.
ZAMPA, opéra-comique en 3 actes.
AVANT, PENDANT ET APRÈS, esquisse historique, vaudeville en 3 actes, par MM. Scribe et de Rougemont.
LES PROJETS DE MARIAGE, comédie de M. Alexandre Duval.
UN PREMIER AMOUR, vaud. en 3 actes.
NAPOLÉON A SCHOENBRUNN, drame historique en 9 tableaux, par MM. Ch. Dupeuty et Régnier.
LA COIFFE FAILLE, dr.-vaud. en 3 act.
LE MESSIER DE FELSHEIM, vaudeville en 3 actes, par M. de Villeneuve.
1760 OU UNE MATINÉE D'UN GRAND SEIGNEUR, comédie en vers.
BIGOTTINI OU LE DERNIER DES FOIS, vaud., de MM. Alboize et Jaime.
ROBERT MACAIRE, comédie en 4 actes, de MM. St-Amand, Antier et Lemaitre.
FRÉDÉGONDE ET BRUNEHAUT, tragédie en 5 actes, de M. Nep. Lemercier.
GUSTAVE III, op. en 5 a., de M. Scribe.
ELLE EST FOLLE, vaudeville en 2 actes.
L'ABBÉ DE L'ÉPÉE, comédie historique en 5 actes de M. Bouilly.
UN FILS, drame en 5 actes.
LES INFORTUNES DE M. JOVIAL, HUISSIER CHANSONNIER, par MM. Théaulon et de Courcy.
MONSIEUR JOVIAL OU L'HUISSIER CHANSONNIER, vaudeville en 2 actes, de M. Théaulon.
VICTORINE, drame-vaud. en 5 actes.
CATHERINE OU LA CROIX D'OR, vaudeville en 2 actes, de MM. Frazier.
LA BELLE-MÈRE ET LE GENDRE, comédie en 3 actes en vers, de M. Simson.
NETTE ET MALHEUR, vaudeville.
L'HÉROÏNE DE MONTPELLIER, dr. 5 act.
IL Y A SEIZE ANS, drame en 3 actes.
C'EST ENCORE UN BONHEUR, vaud. 3 a.
LA MÈRE AU BAL ET LA FILLE A LA MAISON, v. en 2 a., de M. Théaulon.
JEAN, vaudeville en 3 actes.
LES ÉTOURDIS, comédie en 3 actes en vers, d'Andrieux.
VALÉRIE, com. en 3 act., de M. Scribe.
PAMÉLAS, vaudeville en 5 actes.
PICAROS ET DIEGO, opéra bouffon, par M. Em. Dupaty.
LA DÉMENCE DE CHARLES VI, tr. 5 a.
UNE HEURE DE MARIAGE, op.-com.
MADAME DUGAZON, vaud. en 3 actes.
LE CHIFFONIER, vaudeville en 5 actes.
LE MARQUIS DE BRUSQY, vaud. 5 actes.
LE VOYAGE A DIEPPE, com. en 3 ac.
LES ANGLAISES POUR RIRE, folie, par MM. Sewrin et Dumersan.
LA VILLE D'ROSSIERS, com. en 5 act.
UN MOMENT D'IMPRUDENCE, comédie en 3 actes, de M. Fulgence.
LE DINER DE MADELON, vaudeville.
LES DEUX MÉNAGES, com. en 3 act.
LA BÉNÉDICTION, vaud. en 5 actes.
LES MALHEURS D'UN JOLI GARÇON, vaud., de MM. Varin, Et. Arago.
ROBERT CHEF DE BRIGANDS, dr. 5 act.
UNE JOURNÉE A VERSAILLES, comédie en 3 actes, de M. Georges Duval.

LE BARBIER DE SÉVILLE, coméd. 4 a.
LES CRISPINIENS, vaudeville.
LE SOUVEAU FOU CALICOT, vaudeville.
MARIE, opéra en 3 actes, de M. Hérold.
LE SECRÉTAIRE ET LE CUISINIER, vaudeville, de MM. Scribe et Mélesville.
CLOTILDE, drame en 5 actes.
BOURGMESTRE DE SAARDAM, v. 3 actes.
LE BON LOUIS, comédie en 5 actes.
LE COIN DE FEU, v. de M. Dumersan.
LE CÉLIBATAIRE ET L'HOMME MARIÉ, comédie en 5 actes, de MM. Wafflard et Fulgence.
LA MAISON EN LOTERIE, vaudeville.
LES DEUX ANGLAIS, comédie en 3 actes.
LE MARIAGE IMPOSSIBLE, v. en 2 actes.
LA FERME DE L'ESSOI, épisode de l'Empire, vaud. en 4 actes, de Gabriel.
WERTHER OU LES ÉGAREMENTS D'UN CŒUR SENSIBLE, vaud. de M. Duval.
LA PRISON D'ÉDIMBOURG, op.-c. 3 act.
LA PREMIÈRE AFFAIRE, comédie en 3 actes, de M. Merville.
LA FAMILLE DE L'APOTHICAIRE, vaudeville, de MM. Duvert, Desvergers.
DON JEAN D'AUTRICHE, comédie en 5 actes, de M. Casimir Delavigne.
L'ENFANT TROUVÉ, comédie en 5 actes.
LE POITRON, vaudeville, de Bayard.
LE FACTEUR, drame en 5 actes.
Ch. Desnoyers, Boulé et Pothier.
MISANTHROPIE ET REPENTIR, drame en 5 actes, de Mme Molé.
LE CHALET, opéra-comique.
FÉRINET LECLERC, drame historique en 5 actes, de MM. Anicet et Lockroy.
NOIROUD ET COMPAGNIE, vaudeville, de MM. Bayard et J. Devailly.
AGAMEMNON, tragédie en 5 actes.
CHACUN DE SON CÔTÉ, com. en 3 act.
LE VAGABOND, drame populaire en vaudeville, de M. Maillan.
THÉRÈSE, drame en 3 ac., de Ducange.
SANS TAMBOUR NI TROMPETTE, vaudeville, de MM. Merle, Carmouche.
MARINO FALIERO, en 5 actes, en vers.
FANCHON LA VIELLEUSE, vaudeville en 3 actes, de MM. Bouilly et J. Pain.
PROSPER ET VINCENT, vaud. en 2 act.
GLENARVON, drame en 5 actes.
LE COSTUME OU LES FOLLES POSTES, comédie en 3 actes, de Picard.
GARE DE WALTER-SCOTT, vaudeville, de Dartois et Eugène.
LA DAME DE LAVAL, drame en 3 actes.
CARLIN A ROME, souvenir historique en vaudeville, de MM. Rochefort.
LES DEUX FRIBOURG, en 3 a. de Picard.
LES COUTURIÈRES, vaudeville grivois, par Désaugiers et M. St-Laurent.
LE COUVENT DE FASSINGTON, drame en 3 actes, de Ducange et M. Anicet.
LE LAIDAN, vaudeville, de Picard et Mazères.
UNE FAMILLE AU TEMPS DE LUTHER, tragédie, de Casimir Delavigne.
LES FOLLETS, vaudeville, de MM. Navier, de Villeneuve et Ch. Dupeuty.
MOSOKINE OU LA FEMME DIFFICILE A VIVRE, vaud. en 3 actes, de Radet.
ANGÉLIQUE OU LA CHANEVISIERE, vaud.
LA PRINCESSE AURÉLIE, com. en 5 act.
LES PETITES DANAÏDES, imitation, en vaudeville, de Désaugiers.
SOPHIE ARNOULD, vaudeville en 3 actes, de MM. Leuven, Desforges.
UN MARI CHARMANT, vaudeville, de MM. Dumanoir et Lafargue.
LES DEUX FRÈRES, comédie en 4 actes.
MADAME LAVALETTE, drame historique.
LA VIE VOLEUSE, drame hist. en 3 act., de MM. Caigniez et d'Aubigny.
LA FAMILLE IMPROVISÉE, scènes épisodiques, vaudeville, de MM. Dupeuty.
LES FRÈRES A L'ÉPREUVE, dr. en 3 a.
LE MARQUIS DE CARABAS, folie-féerie en 2 actes, de Brazier.
LA BELLE ÉCAILLÈRE, drame-vaudeville en 3 actes, par M. Gabriel.
LES DEUX JALOUX, opéra comique.
LA LAITIÈRE DE MONTFERMEIL, vaud. en 3 act., de MM. B. Perin et Frazier.

L'AMANT BOURRU,

COMÉDIE EN TROIS ACTES ET EN VERS LIBRES;

PAR MONVEL.

Représentée pour la première fois, par les Comédiens Français, le mercredi 14 août 1777.
Conforme à la représentation.

DISTRIBUTION DE LA PIÈCE.

CHARLES DE MORINZER............................	MM. Périer.
LE MARQUIS DE MONTALAIS, amant de la comtesse...	Maillard.
LE COMTE DE PIENNE, amant de la marquise..........	Mirecourt.
SAINT-GERMAIN, domestique de la comtesse...........	Samson.
UN LAQUAIS.................................	Alexandre.
LA COMTESSE DE SANCERRE, jeune veuve..........	Mme Béranger.
LA MARQUISE DE MARTIGUE, son amie...........	Manse.
PLUSIEURS DOMESTIQUES.	

La scène est à Paris, dans la maison de la comtesse.

Le théâtre représente le salon de compagnie de la comtesse de Sancerre, où l'on voit plusieurs fauteuils; au fond est la porte de son cabinet, et à droite celle par où l'on entre de dehors.

ACTE PREMIER.

SCÈNE I.

MORINZER, SAINT-GERMAIN et **PLUSIEURS DOMESTIQUES**, avec lesquels Morinzer se débat en entrant, et qui veulent s'opposer à son passage.

MORINZER.
Morbleu! je veux la voir...
SAINT-GERMAIN.
Mais, monsieur, sur mon âme...
MORINZER.
Et pourquoi m'empêcher?...
SAINT-GERMAIN.
Vous demandez madame?
MORINZER.
Oui, madame... Eh bien?... Quoi! vous êtes étourdis!...
SAINT-GERMAIN.
Mais elle n'est point au logis.
MORINZER.
Elle y doit être... Oui.
SAINT-GERMAIN.
Non, monsieur.
MORINZER.
Bagatelle!
Il faut qu'en ce moment madame soit chez elle;

Et je prétends entrer... J'entrerai, je vous dis.
SAINT-GERMAIN, aux autres domestiques.
Cet homme a perdu la cervelle.
MORINZER.
Comment? Quoi, m'eut-il? Que dis-tu?
Tu me crois fou, si j'ai bien entendu!
Écoute, mon ami, va m'annoncer, te dis-je...
Non, non, le plus court est d'entrer.
Je vais...
SAINT-GERMAIN, aux domestiques.
Il a quelque vertige!
MORINZER.
Oh, la maudite femme!
SAINT-GERMAIN.
Il faut nous retirer;
Il devient furieux.
MORINZER.
Si je n'en perds la tête!...
Entrons.
SAINT-GERMAIN, s'opposant à son passage.
Encor un coup, vous ne la verrez pas;
Le suisse vous l'a dit en bas.
Et le plus humblement, monsieur, je le répète :
Madame la comtesse est sortie.

MORINZER.

En ce cas...
Mais non... je veux la voir... Mon ami, je t'en prie.
Si tu savais tout mon malheur...
(Il lour donne de l'argent à pleines mains.)
Prenez cela, je vous supplie...
Allons, rassurez-vous... Ayez moins de frayeur;
Je ne vous en veux point du tourment qui m'accable;
Mais mon égarement va jusqu'à la fureur:
C'est un vrai guet-apens, c'est un tour détestable;
Car je venais exprès... Oui, c'était mon dessein,
Je venais pour la voir.
            SAINT-GERMAIN, à part.
                    D'honneur, il extravague.
            MORINZER.
C'est avoir un esprit, un cœur bien inhumain!
Car enfin, je vous dis... Mon style n'est pas vague;
Que diable! Je m'explique... elle n'est pas ici!
Je ne puis point la voir... Mais a-t-elle un ami,
Homme ou femme, il n'importe, à qui je me présente,
A qui je dise au moins pourquoi je suis venu?
Suis-je dans un pays perdu?
Ne pourrai-je parler à quelque ame vivante?
            SAINT-GERMAIN.
Madame de Martigue est là-dedans.
            MORINZER.
                    Eh bien,
Avec elle ne puis-je avoir un entretien?
Madame de Martigue, une autre... Il ne m'importe.
Dites-lui donc que je suis à la porte,
Et que je veux parler à quelqu'un.
            SAINT-GERMAIN.
                    Oh! j'y vais.
(Il sort avec les autres domestiques.)

SCÈNE II.
MORINZER, seul.

Le démon a formé ce minois tout exprès
Pour le malheur, le tourment de ma vie.
Ventrebleu! Qu'est-ce donc qu'une femme jolie?
Oh! je n'en reviens point, je suis ensorcelé.
Quel cœur à son aspect ne serait pas troublé?
Ses deux yeux grands et noirs, ce fripon de visage,
Le pied, la main, les cheveux, le corsage,
            (Se frappant le front.)
Tout est là, tout: mais gardons mes secrets,
Ne devons point sa main à la crainte importune
D'être réduite à l'infortune.
Je flétrirais son ame, et m'avilirais:
Commençons par lui plaire, et nommons-nous après.

SCÈNE III.
M. DE PIENNE, LA MARQUISE, SAINT-GERMAIN, MORINZER.

            SAINT-GERMAIN.
Madame, le voilà... C'est monsieur qui demande...
            (Il sort.)

SCÈNE IV.
M. DE PIENNE, LA MARQUISE, MORINZER.

            MORINZER.
Oui, madame, c'est moi qui...
LA MARQUISE, sans le regarder, ni l'écouter, et parlant à M. de Pienne avec vivacité.
            Je vous parle net.
            M. DE PIENNE.
Quel crime?...
            LA MARQUISE.
Pénétrer jusqu'à mon cabinet,
Monsieur, l'impudence est trop grande.
            MORINZER.
Madame, je venais...
            M. DE PIENNE.
            Croyais-je vous troubler?
            LA MARQUISE.
Quand il me plaît de ne vous point parler,
J'ai des raisons pour être seule.
            MORINZER, commençant à s'impatienter.
Pourrai-je?...
            LA MARQUISE.
            Est-il besoin de vous les révéler?
            MORINZER, avec humeur.
Madame!
            M. DE PIENNE, montrant Morinzer.
            En vérité...
            LA MARQUISE, à M. de Pienne.
            Plaît-il?
            MORINZER, à part.
            Oh! la bégueule!
(Durement et la tirant par le bras.)
Madame, au nom de Dieu, tournez-vous un moment
De mon côté.
            LA MARQUISE.
            Monsieur, que puis-je faire?
Mais surtout parlez promptement.
Quel est monsieur?
            MORINZER.
            Mon nom ne fait rien à l'affaire.
J'étais tout-à-l'heure agité
D'un trouble bien involontaire;
Mais à présent, puisqu'il ne faut rien taire,
Je suis fort impatienté,
Fort étonné, fort en colère,
De votre ton de folle et de l'air éventé...
            M. DE PIENNE, vivement.
Monsieur!...
            LA MARQUISE, sur le même ton.
            Quoi! m'insulter?...
(Elle s'arrête et regarde Morinzer, comme quelqu'un qu'on cherche à reconnaître.)
            Mais que je me rappelle...
Eh, oui; je l'ai vu quelque part.
Oh! c'est mon homme!... Oui, sa figure est telle:
Voilà ses yeux ardens et son maintien hagard.
(Elle part d'un grand éclat de rire.)
C'est lui!

ACTE I, SCÈNE V.

MORINZER.
Morbleu, madame, est-ce plaisanterie ?
Parlez-vous sérieusement ?
LA MARQUISE, riant à gorge déployée.
Je n'en reviendrai de ma vie...
Oui, c'est mon homme assurément !
MORINZER.
Mais je ne croyais pas mon abord si plaisant.
M. DE PIENNE.
Qu'avez-vous donc ? Qui peut vous faire rire ?
LA MARQUISE, riant si fort qu'elle peut à peine parler.
Attendez, je vais vous le dire.
MORINZER.
O ma raison, j'ai grand besoin de toi !
(A la marquise.)
Riez... Allons, riez, puisqu'il faut que j'attende
Que votre accès vous passe.
M. DE PIENNE.
En effet, et pourquoi ?...
LA MARQUISE, d'une voix coupée par les éclats de rire.
Monsieur, vous souvient-il... Chez certaine marchande...
MORINZER, la fixant et s'écriant.
Plaît-il ? Ah ! la voilà... C'est elle... Oui, ventrebleu !
Voilà la maligne femelle
Dont les ris indiscrets... Adieu, madame, adieu.
LA MARQUISE.
Ah ! souffrez que je vous rappelle.
Pouvons-nous nous quitter, monsieur, comme cela ?
De vieux amis !...
MORINZER.
Moi, l'ami d'une folle !
LA MARQUISE.
Et c'est précisément par là
Que vous devez m'aimer, croyez-en ma parole.
MORINZER.
Non, je choisis mieux mes amis :
D'ailleurs, j'ai contre vous vos sarcasmes, vos ris.
Ah ! je vous remets bien !... C'est vous... Adieu, ma fame ;
Ce n'était pas vous, sur mon âme,
Que je venais chercher ici.
Je venais voir madame de Sancerre ;
Je n'ai point oublié ce minois si joli
Qui doit peindre son caractère,
Si la bonté du cœur donne aux traits un air doux.
Je reviendrai lui faire ma visite.
Pour vous, ma fame, adieu ; serviteur, je vous quitte ;
Je n'ai jamais aimé les fous.
(Il sort.)

SCÈNE V.
M. DE PIENNE, LA MARQUISE.

LA MARQUISE.
Mais il s'en va, je crois... L'aventure est unique !
C'est bien le coup le plus heureux.
M. DE PIENNE.
Il n'est rien moins que politique
Ce monsieur-là. Sans détour il s'explique.
Vous vous connaissez bien tous deux.

LA MARQUISE, éclatant de rire.
Le personnage !... Ah ! souffrez que je rie...
Je croyais ne plus le revoir,
Et j'en étais au désespoir ;
Je crois, d'honneur, qu'il m'égale en folie.
M. DE PIENNE.
Je ne suis plus surpris de ce transport joyeux ;
Et cet aveu change la thèse.
Mais où s'est-il offert à vos yeux ?...
LA MARQUISE.
Puisqu'il faut contenter votre esprit curieux,
Vous étiez en campagne, et nous, par parenthèse,
Seules dans cet hôtel, bâillant tout à notre aise,
Après avoir écrit, travaillé, lu, jasé ;
Après avoir tout épuisé...
« Que faisons-nous ici, madame de Sancerre ?
» Sortons, lui dis-je ; allons, » Mon projet accepté
Nous partons, sans avoir de plan prémédité,
Ni la moindre visite à faire.
M. DE PIENNE.
Ah ! je reconnais bien mes gens.
LA MARQUISE.
Le boulevard m'ennuie, et je hais la campagne,
Ainsi, sans consulter mon aimable compagne,
Je fais courir de marchands en marchands ;
Nous descendons enfin, par fantaisie,
Chez cette femme honnête et si jolie
Qui me fournit toujours et que vous aimez tant.
Elle avait là dans cet instant
Mille charmantes bagatelles,
D'un goût exquis, toutes nouvelles :
Nous regardions, et dans le magasin,
A quelques pas de nous, assis près d'une table,
Était l'animal remarquable
Qu'avec tant de plaisir j'ai revu ce matin.
Il marchandait d'un ton brusque et comique ;
Renversait toute la boutique,
Et, qui pis est, n'achetait rien.
M. DE PIENNE.
Continuez, j'écoute. Eh bien !
LA MARQUISE.
La marchande, impatientée,
S'adresse à nous, et dit : « Pardon,
» Mesdames, vous voyez que je suis arrêtée
» Par monsieur qui chez moi ne trouve rien de bon.
» Je serai plus heureuse avec vous, je l'espère.
» Que souhaite, que veut madame de Sancerre ?»
A ce mot, mon original,
Comme frappé d'un soudain mal,
S'écrie : « O ciel ! est-il bien véritable ?
» Madame de Sancerre ! » Il renverse la table,
Et tous ces jolis riens ensemble confondus ;
Avec transport s'élance par-dessus ;
Accourt vers la comtesse, et la bouche béante,
L'œil sur elle attaché d'un air particulier,
Il s'adosse contre un pilier,
Et de cette façon plaisante
La regarde un quart-d'heure entier.
M. DE PIENNE.
Bon !

LA MARQUISE.
Nous formions une scène admirable ;
Moi, je riais jusqu'aux éclats ;
Sancerre était d'un trouble inconcevable ;
La marchande, grondant tout bas,
Ramassait ses bijoux et relevait sa table,
Et notre original, vers nous tendant les bras,
  A son pilier inébranlable,
  Attaché comme par un câble,
  Regardait et ne bougeait pas.
M. DE PIENNE.
A merveille !
LA MARQUISE.
  Sancerre enfin, tout interdit,
Au lendemain remettait sa visite,
Et, malgré moi, m'entraînait pour sortir,
  Quand le comique personnage,
  Comme un éclair s'élançant au passage,
  Et ne pouvant nous retenir,
S'est écrié : « Souffrez... je vous conjure,
» Prenez ma main jusqu'à votre voiture. »
Après ces mots, dits d'un ton singulier,
Il a saisi la main de la comtesse,
  Qui ne savait, dans sa détresse,
  Que répliquer à son fol écuyer ;
Mais lui, sans lui donner le loisir de répondre,
  En mots presque inarticulés,
A dit rapidement : « Tous mes vœux sont comblés.
» Ah ! madame, enchanté !.. Que je me sens confondre,
» Qui me l'eût dit ! Grand Dieu ! tout est changé !
» J'aurai l'honneur... Vous voudrez bien permettre...
» Ah ! quel bonheur, si vous daignez permettre !
» Oui, je l'espère, et tout est arrangé... »
Comme il continuait son plaisant bredouillage,
  Nous avons joint notre équipage,
  Et nos chevaux, propices à nos vœux,
Ont su nous délivrer d'embarras toutes deux.
M. DE PIENNE.
Et vous ne savez pas quel homme ce peut être !
LA MARQUISE.
Non.
M. DE PIENNE.
  Ce monsieur pourtant est fort bon à connaître ;
C'est une liaison qu'il faudrait cultiver ;
De tels originaux sont rares à trouver.
J'aurais voulu vous voir : vous étiez bien contente,
  Car plus la scène était extravagante,
  Plus elle a dû vous amuser.
LA MARQUISE.
Oui, je ne cherche pas à vous le déguiser,
J'étais-là dans mon centre.
M. DE PIENNE.
  Oh ! je le crois sans peine.
N'est-il pas vrai qu'un doux penchant
Vers ce monsieur tant soit peu vous entraîne ?
LA MARQUISE.
Vous êtes un impertinent.
M. DE PIENNE.
Ce n'est pas là le mot, c'est véridique.
LA COMTESSE.
Eh bien, je vous munis de mon consentement ;

Arrangez notre hymen : cela sera charmant,
  Et nous ferons un couple unique.
M. DE PIENNE.
Mais, non, je ne suis pas pressé ;
Qu'il se passe de mon office ;
Et tout compté, tout balancé,
Vrai, ce serait une injustice.
Pour obtenir le don de votre foi,
S'il faut de sa raison faire le sacrifice,
  Depuis assez long-temps, je croi,
  J'extravague à votre service.
LA MARQUISE.
Oh, pour cela, c'est vainement ;
Je vous le dis, et du fond de mon ame ;
  Je vous aime trop tendrement
  Pour être jamais votre femme.
M. DE PIENNE.
Le paradoxe est excellent.
Vous m'aimez ?...
LA MARQUISE.
  Écoutez, écoutez ; je raisonne.
A présent, je le crois, notre commerce est doux ;
Si j'ai quelques secrets, je vous les abandonne ;
N'en ayant pas pour moi, je n'en ai point pour vous.
Me paraissez-vous triste, un seul mot de ma bouche
Dissipe les soucis qu'on a pu vous donner :
  Et quelque revers qui me touche,
J'oublie en vous parlant qu'il faut me chagriner ;
Nos petits différends sont querelles badines,
Chaque jour qui se lève est pour nous un beau jour ;
Nous respirons... de loin les roses de l'Amour ;
Mais c'est pour éviter d'en sentir les épines.
  Comme nous sommes dispensés
D'accorder par devoir mon goût avec le vôtre,
  On nous voit toujours empressés
De sentir, de penser, d'agir l'un comme l'autre.
Mais si l'Hymen, d'un mot dit sans retour,
  Venait donner un air de consistance
  Aux propos légers de l'Amour ;
  Mon cher de Pienne... ah, quelle différence !
  Je ferais serment d'obéir ;
  Et je sens mon insuffisance,
  Je ne pourrais pas le tenir.
  Il me prendrait quelque lubie,
  Ma pauvre tête en est remplie :
  Le premier mois, et, vu la nouveauté,
  « Ma chère, ma plus tendre amie,
  Me diriez-vous avec aménité,
» Convenez avec moi que votre fantaisie
  » N'est qu'un léger trait de folie.
» Mais vous vous amusez, je vous connais trop bien,
» Vous êtes raisonnable, et vous n'en ferez rien. »
Je récidiverais, car je suis très fautive ;
  Alors, et c'est le second mois,
  Avec une instance plus vive,
Vous me diriez en élevant la voix :
  » Ma femme, je vous en conjure,
» Abjurez un projet insensé de tout point ;
  » C'est une extravagance pure,
  » Que vous ne vous permettrez point. »

ACTE I, SCÈNE VI.

Jusqu'à présent la requête est polie ;
Mais le troisième mois, à la fin du quartier,
Ce n'est plus : Ma plus tendre amie,
« Je vous conjure, je vous prie,
C'est un bon mari, tout entier,
Qui, d'un air sec, me dit : « Madame,
» Je ne veux point, je n'entends pas
» Que de ce que je dis on ne fasse aucun cas ;
» Obéissez, c'est le lot d'une femme. »
Non, mon ami, jamais, non, je n'obéirai ;
Et, pour le bonheur de votre âme,
Jamais je ne me marîrai.

M. DE PIENNE.
Jamais ? ô ciel ! mais du moins que j'obtienne…

SCÈNE VI.
M. DE PIENNE, LA COMTESSE, LA MARQUISE.

M. DE PIENNE, à la Comtesse.
Ah, madame ! venez, j'ai grand besoin de vous.

LA COMTESSE.
Qu'avez-vous donc, monsieur de Pienne ?
La marquise est-elle en courroux ?
Quelle dispute a-t-elle ?…

LA MARQUISE.
Oh ! dispute, entre nous,
C'est du plus loin qu'il me souvienne ;
Non pas : c'est que monsieur veut que je me marie.

LA COMTESSE.
A qui donc ?

LA MARQUISE.
Mais à lui.

LA COMTESSE.
Comment ! c'est pour cela ?

LA MARQUISE.
Oh ! jamais il n'en rabattra,
Le mariage est sa folie.

LA COMTESSE.
Elle est louable.

M. DE PIENNE.
Eh bien, j'ai beau représenter
Qu'il y va du bonheur, du sort de notre vie ;
On ne veut rien, rien écouter.

LA COMTESSE.
Allez, nous saurons la réduire ;
Monsieur de Montalais sur elle a quelque empire…

LA MARQUISE.
Ah ! je l'attends ?

LA COMTESSE.
En vain vous voulez résister ;
Gageons que, devant lui, vous n'osez vous dédire.

LA MARQUISE.
Ne m'en défiez pas.

LA COMTESSE.
Et que risqué-je ? Rien.
De Pienne est trop aimable, et vous le savez bien.

LA MARQUISE.
Paix donc ! fallait-il le lui dire ?

M. DE PIENNE.
Oui, de ce joli compliment
Je sais discerner humblement
Tout ce qui n'est que politesse…
Mais pardonnez à mon ivresse,
Avec transports j'accepte comme amant
Tout ce qui flatte ma tendresse.

LA MARQUISE.
Comment se fâcher contre lui ?
Mais à propos, il faut que je vous conte…
Il est venu.

LA COMTESSE.
Qui ?

LA MARQUISE.
Notre ami.

LA COMTESSE.
Lequel ?

LA MARQUISE.
L'extravagant, l'homme au pilier.

LA COMTESSE.
Quel conte ?

LA MARQUISE.
Tout à l'heure il était ici.

LA COMTESSE.
Mais vous plaisantez, j'en suis sûre.

LA MARQUISE.
Non. Demandez. Non, d'honneur, je vous jure.
J'en ai bien ri… Cet homme est vraiment fou !
Il est venu, sortant je ne sais d'où,
Criant toujours, comme à son ordinaire,
Qu'il voulait voir madame de Saucerre.
Je l'ai trouvé dans cet appartement,
Pestant sur sa mésaventure,
Et réunissant plaisamment
La douceur au courroux, la prière à l'injure.
A la première vue, oh ! du premier abord,
J'ai reconnu le personnage.
Il s'est rappelé mon visage,
Et nous avons tous les deux pris l'essor.
J'ai cru que je mourrais de rire,
Lui, sur qui la gaîté sans doute a peu d'empire,
S'est avisé de se fâcher.
Son courroux, loin de me toucher,
A redoublé mes ris et mon joyeux délire.
Enfin le cœur gros et navré,
Me maudissant de votre absence,
Après avoir pesté, crié, juré,
Le déloyal s'est retiré
Sans nous faire la révérence.

LA COMTESSE.
Mais d'où me connaît-il ? Quel est-il ?

LA MARQUISE.
Je ne sais.

LA COMTESSE.
J'espère que voilà sa dernière visite.

LA MARQUISE.
Oh ! non pas, s'il vous plaît. Vous n'en êtes pas quitte.
Il reviendra, madame, et ses vœux empressés…

M. DE PIENNE.
Mais, si facilement vous pouvez l'éconduire !…
Si c'est l'amour qui près de vous l'attire,

Votre hymen avec Montalais
Doit renverser tous ses projets.
Accordez-lui ce soir une audience,
Ce sera celle de congé.
LA MARQUISE.
Pour votre hymen tout est-il arrangé?
Autant que vous je meurs d'impatience.
LA COMTESSE.
Oui, nous terminerons ce soir.
LA MARQUISE.
O ce cher Montalais! je brûle de le voir,
Mais qu'il a dû s'ennuyer en campagne,
Loin de sa chère et fidèle compagne,
Et loin de moi qu'il aime avec excès!
LA COMTESSE.
Ah! nous éprouvions tous la même impatience;
Mais il fuit à grands pas de ses tristes forêts.
C'est aujourd'hui qu'on juge son procès.
L'affaire est de grande importance,
Tous ses biens à venir dépendent du succès,
Autant que nous, d'ailleurs, il souffre de l'absence :
Ce que je sens, son cœur l'éprouve aussi;
Croyez qu'il fera diligence,
Il sait bien qu'avec moi l'amour l'attend ici.
LA MARQUISE,
L'hymen, l'amour et la justice,
Voilà de l'occupation.
M. DE PIENNE.
Et tous les trois, dans un accord propice,
Vont du sceau du bonheur marquer votre union.
LA COMTESSE.
Je réponds de l'amour, j'aime et je suis aimée;
L'amour et la raison nous unissent tous deux.
Oui, Montalais est l'objet de mes vœux,
Et je suis tout pour son ame enflammée.
La fortune de Montalais
Est attachée au gain de son procès.
Mais s'il le perd, son sort ne sera point funeste;
Je suis riche et mon cœur lui reste.
Par l'amour le plus tendre unis dès le berceau,
Il s'accrut en nous avec l'âge :
Mais au mépris d'un feu si beau,
Sancerre à mes parens parla de mariage;
Et forcée à subir cet horrible esclavage,
De l'hymen, en pleurant, j'allumai le flambeau.
Montalais perdit tout, jusques à l'espérance.
D'une fille de qualité
Qui, sans compter une fortune immense,
A l'esprit, aux vertus, unissait la beauté,
On lui proposa l'alliance :
« Non, non, répondit-il, mon sort est arrêté;
» Je ne serai jamais, puisque le ciel l'ordonne,
» Au tendre objet qui m'avait enchanté,
» Mais ma main ni mon cœur ne seront à personne. »
O mon cher Montalais! à ta fidélité
Je dois l'heureux espoir où mon cœur s'abandonne :
J'ai retrouvé ma liberté;
Tu fis tout pour l'amour, et l'amour te couronne.
M. DE PIENNE.
Qu'il est doux d'inspirer de pareils sentimens !

LA COMTESSE.
Il est plus doux encor de se les reconnaître.
Le sort de votre ami, balancé si long-temps,
Par moi sera fixé peut-être.
Pourquoi mes biens ne sont-ils pas plus grands,
Puisqu'il en doit être le maître?
LA MARQUISE.
Ah! que cet oncle, et si bon, et si sage,
Qui vous légua son bien dans ses derniers momens,
S'applaudirait de son ouvrage,
S'il pouvait voir le bon usage
Que vous faites de ses présens !
LA COMTESSE.
Au comte d'Estelan, peu riche par moi-même,
Je dois tout mon bonheur et l'aisance où je suis;
Mais je n'acceptai point, sans une peine extrême,
Ce qui de droit revenait à son fils.
Je n'acceptai ces biens qu'on me forçait de prendre,
Que pour les conserver à celui que la loi
N'en devait point priver pour moi;
Et j'étais prête à les lui rendre;
Je l'avais découvert enfin, lorsque la mort
Légitima mes droits en terminant son sort.
Qu'au moins cet héritage immense,
Que je n'attendais pas, qui ne m'était point dû,
Serve en mes mains de récompense
A la pauvreté noble, ainsi qu'à la vertu.
M. DE PIENNE.
Je vous reconnais-là, ce trait de bienfaisance...
LA COMTESSE.
Ne louez pas ce qui n'est qu'un devoir.

SCÈNE VII.

M. DE PIENNE, SAINT-GERMAIN, LA COMTESSE, LA MARQUISE.

SAINT-GERMAIN, à la comtesse.
Un nègre fort bien mis m'a donné cette lettre,
Qu'entre vos mains je dois expressément remettre.
LA COMTESSE.
De quelle part?
SAINT-GERMAIN.
Je n'ai pu le savoir;
Il ne m'en a rien dit.   (Il sort.)

SCÈNE VIII.

M. DE PIENNE, LA COMTESSE, LA MARQUISE.

LA COMTESSE.
Voulez-vous bien permettre?
LA MARQUISE.
Des façons avec vos amis!
LA COMTESSE, après avoir lu les premières lignes tout bas.
Est-ce un songe? Écoutez, vous serez bien surpris.
(Elle lit.)
MADAME,
« On prend ici de longs détours pour s'expliquer,

» au bout d'une heure on n'a rien dit ; toi, je parle
» pour être entendu. Voici le fait. Je vous aime
» de tout mon cœur. J'ai fait deux fois le tour du
» monde, j'ai vu des femmes de toutes les contrées
» et de toutes les couleurs ; mais d'un pôle à l'autre
» on chercherait en vain votre égale.

» J'ai été ce matin chez vous ; vous n'y étiez
» pas, et j'en ai été bien fâché, car j'avais grande
» envie de vous voir ; je n'ai trouvé que cette dame
» qui vous accompagnait l'autre jour chez la mar-
» chande de bijoux ; elle est jolie aussi cette dame-
» là, et elle rit beaucoup ; mais elle rira tant qu'il
» lui plaira, sur ma parole, elle ne vous vaut pas.
» Venons à nos affaires.

» J'ai de la naissance, je n'en suis pas fâché ; je
» possède une grande fortune, j'en fais cas. Le par-
» tage de six millions, des pierreries tant que vous
» voudrez ; cent esclaves pour vous servir ; de su-
» perbes habitations dans le plus beau pays du
» monde ; un mari jeune encore, franc, bon, hon-
» nête, vaillant ; cela vous convient-il, madame ? Il
» faut me répondre très vite, s'il vous plaît, car je
» dois bientôt repasser les mers. Parlez vrai, je
» m'arrangerai en conséquence. Nous nous con-
» naissons beaucoup, quoique nous ne nous soyons
» vus qu'une fois. Une affaire importante m'a con-
» duit ici ; elle vous regardait d'une façon, à pré-
» sent elle vous regarde d'une autre. Ceci n'est pas
» clair, je vous l'expliquerai.

» J'ai l'honneur d'être, madame, avec un pro-
» fond respect, la passion la plus vive et la plus
» ardente,
    Votre très humble et très
    obéissant serviteur,
    CHARLES MORINZER. »
Et par apostille.

« Votre réponse au plus tôt ; me voulez-vous ? ne
» me voulez-vous pas ? Dites oui ou non. »
   LA MARQUISE.
Oh ! l'admirable ; oh ! la bonne aventure !
Il est parfait l'original !
Son style est comme sa figure...
Mais le moindre délai pourrait être fatal...
Eh vite, eh vite !...
   M. DE PIENNE.
   Quoi ?
   LA MARQUISE.
    Du papier, une plume.
(A la comtesse.)
Je répondrai pour vous ; ce n'est pas la coutume ;
Mais il n'importe, et ce sera bien bon.
   LA COMTESSE.
Êtes-vous folle ?... Mais que pourrez-vous lui dire ?
Il veut une réponse.
   LA MARQUISE.
   Eh bien, je vais l'écrire.
(Prenant la lettre.)
Voyons... Que dit monsieur Charles Morinzer ?
(Lisant.)
« Me voulez-vous ? Ne me voulez-vous pas ? Dites
» oui ou non. »

(Elle écrit au milieu d'une grande feuille de papier et
en gros caractères : NON.)
   LA COMTESSE.
Que faites-vous ?
   M. DE PIENNE.
   Mais c'est une folie.
   LA MARQUISE.
Je plie et vais cacheter le billet.
A la réception de ce tendre poulet,
  Le Morinzer, je le parie,
  Extravaguera tout-à-fait.
Il faudra l'enfermer... Saint-Germain.

~~~~~~

SCÈNE IX.
M. DE PIENNE, LA COMTESSE, SAINT-GERMAIN, LA MARQUISE.

  LA MARQUISE, à Saint-Germain.
   Va remettre.
   LA COMTESSE.
Mais arrêtez... Non, je ne puis permettre...
   LA MARQUISE.
Je voudrais être là pour entendre ses cris.
   LA COMTESSE.
Saint-Germain...
   LA MARQUISE.
   Pars, je le veux.
   SAINT-GERMAIN.
    J'obéis.
   M. DE PIENNE.
La plaisanterie est unique.
   SAINT-GERMAIN.
Irai-je ?
   M. DE PIENNE.
   Eh, oui.
   LA MARQUISE.
   Va donc.
     (Il sort.)

~~~~~~

SCÈNE X.
M. DE PIENNE, LA COMTESSE, LA MARQUISE.

   LA COMTESSE.
   Mais il se fâchera.
   LA MARQUISE.
Tant mieux. Son amour est comique ;
Son courroux nous désennuira.
   LA COMTESSE.
En vérité, ma chère amie,
Vous êtes folle.
   LA MARQUISE.
   Eh mais, j'en conviens bonnement.
O Charles Morinzer, que je vous remercie !
Vous êtes un homme charmant !
   LA COMTESSE.
Il eût été beaucoup plus raisonnable
De ne pas prendre garde à cet original :

Sa lettre au fond ne fait ni bien ni mal,
Et ne méritait pas votre folle réponse.
LA MARQUISE.
Vous êtes trop sensée ; allez, je vous renonce.

SCÈNE XI.
M. DE PIENNE, LA COMTESSE, LA MARQUISE, UN LAQUAIS.

LE LAQUAIS.
Madame...
LA COMTESSE.
Eh bien ?
LE LAQUAIS.
Monsieur d'Elvoir,
Votre notaire, est là.
LA COMTESSE.
Je vais le recevoir.
(Il sort.)

SCÈNE XII.
M. DE PIENNE, LA COMTESSE, LA MARQUISE.

LA COMTESSE.
Ah, mon cher comte, écoutez, je vous prie...
M. DE PIENNE.
Que voulez-vous ?
LA COMTESSE.
Ne pourrait-on savoir
Ce qu'est ce Morinzer, et par quelle manie
Cet homme-là me rend le but de sa folie ?
Allez, je vous supplie, et tâchez de le voir.
Et surtout, s'il vous est possible,
Détournez-le de revenir.
(La marquise fait signe au comte de n'y point aller.)
Cette scène pour moi ne sera pas risible.
Je ne crois pas devoir si fort m'en réjouir.
M. DE PIENNE.
Avec bien du plaisir je ferai le message,
Vous n'avez pas besoin par trop de m'en presser :
Mais d'un semblable personnage
Il sera mal-aisé de nous débarrasser.
LA COMTESSE.
Il n'importe, essayez. Avec impatience
Nous attendrons votre retour.
M. DE PIENNE.
Je vais vous obéir et faire diligence.
(A la marquise.)
Adieu, Madame.
LA MARQUISE.
Adieu, Monsieur, bonjour.
(Le retenant comme il va pour sortir.)
Écoutez, écoutez ; par votre complaisance,
Vous me taxez d'extravagance,
Mais songez que j'aurai mon tour ;
Et gardez-vous, après ce trait d'impertinence,
De me parler jamais de votre amour.
LA COMTESSE.
Autre folie !
M. DE PIENNE.
Oh, oui ; mais rien ne me rebute.
(A la marquise.)
Vous l'avez dit cent fois, et je n'y crois jamais.
Un caprice fait la dispute,
Un caprice fera la paix.

ACTE SECOND.

SCÈNE I.
LA COMTESSE, LA MARQUISE.

LA MARQUISE.
Qu'ils sont plaisans tous ces notaires !
Pour expliquer les choses les plus claires,
Ils ont des mots si durs, des termes si mal faits,
Un si mauvais genre d'écrire,
Qu'on est tout étonné, lorsqu'on vient à les lire,
De ne pas même entendre le français.
LA COMTESSE.
Ne faut-il pas se prêter à l'usage ?
C'est le style du bon vieux temps.
LA MARQUISE.
On pouvait parler ce langage
A nos aïeux. C'étaient de bonnes gens
Qui n'en savaient pas davantage :
Mais j'ai droit à présent d'exiger, vu mon âge,
Que l'on me parle au moins la langue que j'entends.
LA COMTESSE.
Vous avez bien raison, mais votre plainte est vaine.
Est-ce le seul abus que l'on aurait, sans peine,
Bientôt détruit, ou du moins corrigé,
Et dont nous supportons la chaîne
Par paresse ou par préjugé ?
Mais l'heure approche, je pense,
Où Montalais...Je crois que j'entends quelque bruit.
LA MARQUISE.
Ah ! votre cœur rempli d'impatience
Vole vers Montalais, le devance ou le suit.
LA COMTESSE.
Oui, je l'attends... je suis impatiente...
LA MARQUISE.
Et c'est un tourment que l'attente.
Pour moi, j'attends aussi, mais c'est pour quereller.
LA COMTESSE.
Qui, ce pauvre de Pienne ?

LA MARQUISE.
Oui, je vous le proteste.
LA COMTESSE.
Un peu de pitié.
LA MARQUISE.
Non, je veux le désoler ;
Mais ne le plaignez pas, il n'est jamais en reste.

SCÈNE II.
LA COMTESSE, SAINT-GERMAIN, LA MARQUISE.

LA MARQUISE.
Ah, voilà Saint-Germain ! Eh bien, notre billet
A-t-il produit un bon effet ?
Le Charles Morinzer est désolé, je gage.
SAINT-GERMAIN.
J'ai rempli ma commission :
Mais ne me chargez plus d'un semblable message.
Il a pensé m'en coûter bon.
LA MARQUISE.
Comment donc ?
SAINT-GERMAIN.
Il entend fort mal le badinage,
Ce monsieur-là.
LA MARQUISE.
Quoi donc ? que t'est-il arrivé ?
Mon style a-t-il fait des merveilles ?
SAINT-GERMAIN.
Chez ce diable de réprouvé
J'aurais ma foi laissé mes deux oreilles,
Si prudemment je ne m'étais sauvé.
LA MARQUISE.
Comment, il s'est fâché ? La scène est admirable !
Conte-nous..., conte donc.
SAINT-GERMAIN.
Avec votre billet,
Dont je ne croyais pas, s'il faut vous parler net,
Le contenu si redoutable,
A l'aide d'un maître valet,
Qui me guidait d'un air capable,
J'ai pénétré jusqu'en un cabinet
Où siégeait ce monsieur. Là, d'un air agréable,
J'ai fait mon petit compliment,
Sans verbiage et fort adroitement.
« Voilà, monsieur, ai-je dit, une lettre
»Que madame en vos mains m'a chargé de remettre.
—» Madame ?—Eh, oui, monsieur.—Maraud, madame qui ?
—» Eh mais, monsieur, madame de Sancerre.
—» Madame de Sancerre ?—Oui, je vous le jure, oui.
—» Que ne parlais-tu donc, coquin ? Pourquoi te taire ?
» Donne donc, poursuit-il avec vivacité ;
» Un billet d'elle-même ? Oh ! l'admirable femme,
» De mes tourmens elle a pitié.
» Le beau visage, la belle ame ! »
Tout en disant ces mots, il riait, il chantait,
Me caressait, baisait votre lettre, sautait.
Mais, ô grand Dieu, quelle métamorphose !
A peine le billet est-il décacheté...
Je suis de sa fureur encore épouvanté.

» NON... ô ciel ! Quoi, dit-il, c'est un non ? qu'oit-l'on ose...
» Un non tout court ! Quoi ! ce malin démon
» Par qui, depuis dix jours, j'ai l'esprit en délire !
» Ce lutin rit de mon martyre,
» Et pour mieux m'insulter affecte de n'écrire
» Qu'une syllabe, et c'est un non !
» Petit monstre, que je déteste,
» Que j'aime... que j'adore ; oh, je perds la raison.
» Et toi, maraud ?—Monsieur, je vous proteste,
» J'ignorais son intention.
—» Tu ris, coquin, et veux me faire accroire...
» Tu n'étais pas au fait d'une trame aussi noire ?
» Tu ris, encore ?... Ah, maudit postillon !
» Tiens, sois payé de ta commission. »
A ces mots, un soufflet... Non, homme de sa vie,
Si bien qu'un soufflet soit donné,
N'en a jamais reçu, je le parie,
Qui fût mieux conditionné.
« Sors de chez moi, malheureux, ou j'atteste ..
» Sors, poursuit-il. — Eh, monsieur, volontiers. »
Et lestement, gagnant les escaliers,
Je suis sorti sans demander mon reste.
LA MARQUISE.
Le trait est du dernier plaisant.
Cette aventure est impayable !
SAINT-GERMAIN.
Ma foi, moi, je me donne au diable
Si je vois là rien d'amusant.
LA MARQUISE.
N'auriez-vous pas voulu vous y trouver présente ;
Voir la figure extravagante
Du Morinzer gesticulant,
Chantant, riant, jurant, battant ?
Il en a fait un tableau qui m'enchante.
LA COMTESSE.
Ce pauvre Saint-Germain ! il est tout stupéfait.
Votre gaîté l'humilie et l'afflige.
Tiens, mon pauvre garçon, prends cela ; prends, te dis-je,
C'est pour te consoler du malheureux soufflet.
(Elle lui donne de l'argent.)
LA MARQUISE, arrêtant Saint-Germain, qui va pour sortir, et lui donnant aussi de l'argent.
Attends... Tout en riant, Germain, je suis sensible
A ton pitoyable accident.
Tiens, mon ami... Mais cependant,
N'est-il pas vrai que le fait est risible ?
SAINT-GERMAIN.
Oui, je commence à le trouver plaisant.
LA COMTESSE.
Laisse-nous. (Il sort.)

SCÈNE III.
LA COMTESSE, LA MARQUISE.

LA MARQUISE.
Eh bien, quoi ? vous me faites la mine ?
LA COMTESSE.
Vous m'avez compromise et je suis très chagrine
D'être pour quelque chose...

LA MARQUISE.
Eh, non, tout va fort bien.
LA COMTESSE.
Ah! j'aperçois de Pienne.

SCÈNE IV.
LA COMTESSE, M. DE PIENNE, LA MARQUISE.

LA MARQUISE.
Eh bien, monsieur?
LA COMTESSE.
Eh bien?
LA MARQUISE.
Sur Charles Morinzer qu'avez-vous appris?
M. DE PIENNE.
Rien.
On ne sait, dans son voisinage,
Ni ce qu'il fut, ni ce qu'il est.
Hors deux noirs, de ses gens aucun ne le connaît,
Ils pensent tous qu'il est de haut parage,
Grand hôtel, beaux chevaux, magnifique équipage,
Un luxe recherché, le train le plus complet.
Inconnu dans Paris, dont il n'a nul usage,
Il y vient d'arriver, selon ce qu'il paraît,
Après un assez long voyage.
J'ai consulté jusqu'au moindre valet;
Ils n'en savent pas davantage;
Les nègres sont instruits, mais gardent le secret.
LA MARQUISE.
Voilà de quoi me mettre à la torture,
Monsieur, si vous avez la moindre humanité,
Il faut savoir le mot de cette énigme obscure;
Ou je deviendrai folle... Oh, oui, je vous le jure,
Folle... Folle n'est rien, mon sort est arrêté;
Vous me perdez, monsieur, dans trois jours, j'en suis sûre,
Et je mourrai de curiosité.
M. DE PIENNE.
Vraiment, la maladie est des plus sérieuses,
Et déjà dans vos yeux je vois un feu mutin :
Cela pourrait avoir des suites dangereuses,
Je serai votre médecin.
LA COMTESSE.
Vous plaisantez, et moi je ne suis point tranquille;
Cet homme m'inquiète, et la lettre incivile
Que madame...
M. DE PIENNE.
Pourquoi vous en inquiéter?
Quel sujet auriez-vous de le tant redouter?
LA MARQUISE.
Ma lettre incivile!... Et j'endure
De sang-froid une telle injure!
Incivile! Aux dépens des fous
Il n'est donc plus permis de rire?
Ah! laissez-nous de grâce un passe-temps si doux;
Si vous nous retranchez le plaisir de médire,
Le persiflage et la satire,
A quoi donc nous réduisez-vous?

M. DE PIENNE, à la comtesse.
Mais sans doute, madame, ah! soyons équitables;
Grâce pour les talens aimables;
Médire est un amusement
Honnête, et point du tout méchant;
La satire, un plaisir humain et charitable;
Le persiflage est si décent,
D'un si bon ton, si raisonnable!
Ah! le persiflage est charmant!
LA MARQUISE.
Monsieur de Pienne, en véritable amie,
Je crois devoir vous avertir
Que pour le bonheur de ma vie,
Je ne vous aime point, et n'en ai nulle envie;
Mais que vous finirez par vous faire haïr,
Je raille, et n'entends pas du tout la raillerie.
M. DE PIENNE.
Je ferai mon profit de l'avertissement.
LA COMTESSE.
Je ne vous comprends pas, la plus vive tendresse
Sur vos deux cœurs agit également;
Et vous vous querellez sans cesse!
M. DE PIENNE.
Eh mais, c'est par raffinement,
Toujours la paix, à la longue elle ennuie.
On se brouille un petit moment;
On se boude, l'on s'injurie;
Pour sauver la monotonie,
Il faut un raccommodement;
Et puis on s'aime à la folie
Jusqu'au premier événement :
C'est ainsi que l'on remédie
A l'uniformité des scènes de la vie.
LA MARQUISE.
Vous arrangez tout cela joliment.
M. DE PIENNE.
Mais j'oubliais un fait d'assez grande importance,
Et qui doit vous tranquilliser
Sur Charles Morinzer : malgré son opulence,
C'est ce que m'en ont dit ceux que j'ai fait jaser,
Il est humain, généreux et sensible;
D'un accueil assez brusque et pourtant accessible;
Vif, emporté, mais charitable et bon;
Il fait du bien à ce qui l'environne;
Il a bon cœur et mauvais ton :
Enfin son sang, qui pour un rien bouillonne,
Fait que souvent il déraisonne
Avec beaucoup d'esprit et beaucoup de raison.
On vient ainsi de me le peindre.
De tous ceux que j'ai consultés
Les avis se sont rapportés
Parfaitement : et vous devez peu craindre
Un homme en qui l'on voit toutes ces qualités.

SCÈNE V.
LA COMTESSE, SAINT-GERMAIN, M. DE PIENNE, LA MARQUISE.

SAINT-GERMAIN, très effrayé.
Monsieur de Morinzer...

LA COMTESSE ET LA MARQUISE.
Eh bien ?
SAINT-GERMAIN.
　　　　　　　Avec instance
A madame demande un moment d'audience :
Il a les yeux hagards et le ton du courroux.
Ah ! si madame en veut croire mon zèle,
Madame en cet instant ne sera pas chez elle ;
Cet homme n'est pas sûr, et pourrait...
　　　　　LA COMTESSE.
　　　　　　　　　Taisez-vous,
Faites monter.
　　　　　　　(Il sort.)

SCÈNE VI.
LA MARQUISE, LA COMTESSE,
M. DE PIENNE.

LA MARQUISE.
　　　Je veux être présente,
La visite sera plaisante,
Et je vais m'amuser.
　　　　LA COMTESSE.
　　　　　　Non, non pas, s'il vous plaît.
Le comte vous suivra jusqu'en mon cabinet.
　　　　LA MARQUISE.
Et pourquoi ?
　　　　LA COMTESSE.
　　　　　Je crains vos folies ;
Elles sont toujours bien jolies ;
Mais il me faut en ce moment
Du sang-froid, du raisonnement,
Et non point d'aimables saillies.
　　　　LA MARQUISE.
C'est bien dommage, assurément ;
L'entretien eût été charmant ;
Mais vous allez être obéie.
(A M. de Pienne.)
Puisqu'avec vous il faut que je m'ennuie,
Venez, Monsieur.
　　　M. DE PIENNE.
　　　　　L'aimable compliment !
En vérité, vous êtes trop polie.
　　　　　　(Ils sortent.)

SCÈNE VII.
LA COMTESSE, MORINZER.

MORINZER.
Enfin, madame, je vous vois !
Enfin je vous trouve une fois !
(Repoussant un fauteuil qu'elle lui présente.)
Ne vous dérangez pas. Asseyez-vous, de grâce.
　　　LA COMTESSE.
Monsieur !...
　　　MORINZER.
　　　　Non, non ; je suis fort bien debout.
Asseyez-vous.
　　　LA COMTESSE.
　　　　Quand vous aurez pris place.
　　　MORINZER.
Mon Dieu, point de façons. Je n'en veux point du tout.
Je vais, je viens, je me promène,
Je m'assieds... Qu'avez-vous ? Vous respirez à peine.
Vous trouverriez-vous mal ? Quoi donc ! Je vous fais peur ;
Juste ciel ! j'ai bien du malheur !
Je vous déplais... Oui, mon aspect vous gêne...
Qu'ai-je donc fait qui vous doive alarmer ?
Si vous saviez le sujet qui m'amène ?...
Ne tremblez point, madame, et daignez vous calmer ;
Je suis un fou, moins à blâmer qu'à plaindre ;
Je suis un fou, mais qui n'est point à craindre.
　　　LA COMTESSE.
Je ne crains rien, monsieur... Un peu d'émotion
A votre aspect m'a rendue interdite.
Si j'avais eu quelque appréhension,
Je n'aurais pas reçu votre visite.
　　　MORINZER.
Et dix fois ; oui, dix fois je me suis présenté
A votre porte... Un maudit Suisse,
Un gros coquin, que l'enfer engloutisse,
Avec son baragouin et son air empâté,
Moi, suppliant, m'a dix fois rejeté.
C'est par votre ordre, et sans cela le traître...
　　　LA COMTESSE.
Je n'avais pas, monsieur, l'honneur de vous connaî...
　　　MORINZER.
Me connaissez-vous mieux ?
　　　LA COMTESSE.
　　　　　Il ne tiendrait qu'à vous
De vous faire connaître avec un ton plus doux.
　　　MORINZER.
C'est vrai, j'ai tort, mais telle est ma tournure ;
Il faut me le passer, et je n'ai pas dessein
De vous faire la moindre injure.
Pardonnez-moi. Je suis un franc marin,
Brave, loyal, honnête au fond de l'âme,
Un peu brusque, il est vrai ; dur... Mais j'ai pris mon pli ;
Sur la mer on n'a point de femme,
Et l'on est honnête homme et point du tout poli.
　　　LA COMTESSE.
J'aime du moins votre franchise.
Cela répare tout.
　　　MORINZER.
　　　　Oh ! pour franc je le suis :
C'est le naturel du pays.
　　　LA COMTESSE.
Tant mieux ; mais permettez, monsieur, que je vous dise
Qu'il faudrait prendre un peu l'air, le ton de Paris.
　　　MORINZER.
Je le prendrai.
　　　LA COMTESSE.
　　　　Bon !
　　　MORINZER.
　　　　　S'il faut, pour vous plaire,
Être galant, je le serai.
Aimez-moi seulement, voilà la grande affaire.
Ensuite à vos désirs je me conformerai.

LA COMTESSE.
Que je vous aime?
MORINZER.
Eh oui!
LA COMTESSE.
J'ai reçu votre lettre...
MORINZER.
A propos, daignez me permettre,
Vous qui parlez politesse, bon ton;
Votre réponse à mon épître
Est-elle marquée à ce titre?
NON. Un seul mot. Rien qu'un seul mot: un seul *Non*.
Madame, en vérité vous êtes laconique:
Je vaux bien pour le moins qu'avec moi l'on s'explique.
Je l'avouerai, ce *Non* là me confond.
Les Françaises, dit-on, sont honnêtes, polies.
Vous me prouvez qu'elles sont bien jolies,
Mais honnêtes... Ma foi ce billet là répond.
LA COMTESSE.
Autant que vous, monsieur, ce trait me mortifie.
Ne me l'imputez point. Une indiscrète amie,
Et vainement j'ai voulu l'empêcher,
Pour s'amuser et par plaisanterie,
S'est malgré moi permis une saillie
Qui, vous et moi, monsieur, a droit de nous fâcher.
MORINZER.
Passe quand on se justifie.
Je gage que ce trait maudit,
Dont vous me semblez si honteuse,
Part de ma maligne rieuse
Qui m'a pensé tantôt faire perdre l'esprit?
J'ai pu vous en croire coupable!
Pardon, mille pardons... Avec des yeux si doux,
De la malignité, de la hauteur!... Qui, vous?...
Et j'ai pu le penser! je suis trop condamnable.
Vous ne sauriez rien faire de blâmable.
Vous pouvez bien déranger mon cerveau,
Me désoler, m'envoyer au tombeau,
Sans avoir d'autre tort que celui d'être aimable.
LA COMTESSE.
Vous me flattez.
MORINZER.
Je dis la vérité.
A présent que sur vous, sur votre honnêteté
Il ne me reste plus de doute,
Revenons à l'objet qui m'amène en ces lieux;
Je ne prends pas de chemins tortueux,
Je vais au but, et suis tout droit ma route.
Je vous aime, ma lettre a dû vous le prouver;
Oui, je vous aime, et de toute mon ame.
Voulez-vous m'épouser, madame?
Vous ne pouvez jamais trouver
D'époux qui sache aimer plus tendrement sa femme.
Mon bien est plus clair que le jour,
Et je le prouverai. Ma fortune est immense;
Je la mets à vos pieds, ainsi que mon amour.
Acceptez-les tous deux, ayez cette indulgence.
Je ne veux point marchander votre main,
Ne me supposez pas un semblable dessein,
Elle n'a point de prix, cette main si chérie,
Et si, pour l'obtenir au gré de mes souhaits,

Rien qu'un seul jour, on demandait ma vie,
Ah! de bon cœur je vous la donnerais.
LA COMTESSE.
Combien, monsieur, vous me rendez confuse!
D'un procédé si beau mon cœur est pénétré...
Pour prix de tout l'amour que vous m'avez montré,
Faut-il vous dire, hélas! que ce cœur...
MORINZER.
Me refuse?
Et pourquoi? Qu'ai-je en moi qui soit si rebutant?
Je ne suis pas bien beau; mais, dans le mariage,
Est-ce tout qu'un joli visage?
Le caractère est le point important:
Lui seul survit à la jeunesse.
Six mois après l'hymen toute illusion cesse,
Et l'on se juge à la rigueur.
La beauté perd son pouvoir séducteur,
On s'accoutume à la figure,
Et l'on se fait à la laideur.
Le temps est le creuset où l'amour vrai s'épure.
L'esprit, le jugement, les qualités du cœur,
Voilà le seul charme qui dure.
LA COMTESSE.
Il est vrai; mais...
MORINZER.
Mais... mais je vous déplais... Pourquoi?
Oui, oui, pourquoi? quel est mon crime?
Est-ce de vous aimer? Hélas! c'est malgré moi.
Un funeste ascendant m'opprime,
Je vous le jure; et, sur ma foi,
En dépit de mon cœur l'amour me fait la loi.
Je déteste, à la fois, et j'aime mon martyre.
Je fuis, mais vainement, l'amour vers vous m'attire;
Il est partout, car partout je vous vois;
Pour mon malheur tout est amour, je crois,
Jusques à l'air que je respire.
LA COMTESSE.
Modérez-vous, monsieur. Je vois, je plains, je sens
Le triste état où je réduis votre ame;
Cependant, pour nourrir cette si vive flamme,
Avez-vous consulté mes secrets sentimens?
Oui, monsieur, vous m'aimez; mais me suis-je obligée
A vous payer du plus léger retour?
En quoi, monsieur, par votre amour
Envers vous puis-je être engagée?
Daignez écouter la raison;
Ne me reprochez pas ce qui n'est point mon crime;
Mon cœur, qui se refuse à votre passion,
Vous offre toute son estime.
La vôtre m'est due... Oui, vous me l'accorderez.
Je suis loin d'insulter aux maux que vous souffrez.
Je vois avec horreur ce triomphe bizarre,
Triomphe trop commun dans ce siècle insensé,
Dont croit jouir une femme barbare,
En déchirant un cœur qu'elle a blessé.
MORINZER.
Eh! voilà de tout point ce qui me désespère.
Non, je ne puis vous accuser de rien.
Il est vrai, je vous aime! oui, je vous aime... Eh bien!
C'est ma faute à moi seul si je ne puis vous plaire.

Les volontés sont libres, j'en convien.
Contre votre rigueur qu'employer? Quelles armes?
　　De votre côté sont les charmes,
　　L'amour, l'amour seul est du mien.
Mais, dites-moi; répondez-moi, madame,
Ai-je un rival? Soyez de bonne foi;
　　Ce cœur qui ne peut être à moi
　　Brûlerait-il d'une autre flamme?
　　　　LA COMTESSE.
Monsieur...
　　　　　　MORINZER.
　　　　Vous hésitez?.. Quel mystère!.. Parlez.
Vous êtes veuve, et... Ciel! vous vous troublez!
Oui, vous aimez, oui, vous êtes aimée!
Je suis né bon, naturellement doux;
　　Mais dans l'ardeur des mouvemens jaloux
　　Dont je sens mon ame enflammée,
Je suis un diable, au moins, je vous en avertis.
Je veux voir mon rival, la chose est résolue.
Il faut que je le voie, il faut que je le tue,
　　Ou qu'il me tue, et que tout soit fini.
　　　　LA COMTESSE.
Vous abusez, monsieur, de mon trop d'indulgence.
　　De quel droit venez-vous chez moi
Pénétrer mes secrets et m'imposer la loi?
De quel droit?... J'ai pitié d'un excès de démence
　　Qui vous emporte malgré vous.
　　Vous n'écoutez qu'un aveugle courroux,
Et j'y veux opposer toute ma patience.
　　Je ne vous ai point dit, je pense,
Qu'un autre m'inspirât des sentimens plus doux...
Mais cela fût-il vrai, qu'auriez-vous à me dire?
Maîtresse de ma main, ne puis-je disposer
D'un cœur sur qui, monsieur, vous n'avez nul empire?
Parce que vous m'aimez, faut-il vous épouser?
　　　　MORINZER.
Oui, si c'est un bonheur pour vous d'être adorée.
　　　　LA COMTESSE.
Monsieur, vous m'arrachez un bien cruel aveu;
　　Mais je le dois à votre ame égarée.
　　J'ignore l'art d'entretenir un feu
　　Dont je ne suis point pénétrée.
Je ne vous aime point, et je n'épouserai
Qu'un homme à qui je plaise et que je chérirai.
　　Ce serait vous faire une offense,
　　Monsieur, ce serait vous trahir,
　　Que vous donner la plus faible espérance
D'un bonheur incertain, fondé sur l'avenir.
Le ciel ne nous a point fait naître l'un pour l'autre.
Ne vous obstinez point, par l'amour emporté,
　　A troubler ma tranquillité,
Et travaillons tous deux à vous rendre la vôtre.
　　　　MORINZER.
Il faut en convenir, je suis bien malheureux!
　　Je viens ici pour perdre l'inhumaine,
　　Pour la réduire à cet état affreux
Où d'un homme irrité me réduisit la haine.
　　Je passe les monts et les mers,
　　Je viens du bout de l'univers
　　Dans le dessein de ruiner l'ingrate,
Mon honneur, mon bon droit, tout le veut, tout m'en flatte

De ce qui fut à moi la cruelle jouit,
　　Je la déteste, je l'abhorre;
Je veux la voir: je la vois, je l'adore,
　　Et mon projet s'évanouit.
Savez-vous qui je suis, femme injuste et barbare?
Soupçonnez-vous le sort qu'un seul mot vous prépare?
Je suis ce malheureux, ce fou si détesté,
　　Que le père le plus sévère,
　　Dans le transport de sa colère,
　　Autrefois a déshérité;
Que l'on crut mort, qui vit pour vous déplaire,
Pour vous aimer malgré votre inhumanité...
Je suis d'Estelan.
　　　　LA COMTESSE.
　　　　　　Vous!
　　　　D'ESTELAN.
　　　　　　　　Moi-même.
　　LA COMTESSE, tombant dans un fauteuil.
Ah! Montalais!... Je me meurs!
　　　　D'ESTELAN.
　　　　　　　　　　Malheureux!
Belle Sancerre!.. Et c'est moi, moi, qui l'aime...
Dieu! c'est moi qui la plonge en cet état affreux!
　　　　(Il appelle.)
Au secours! Accourez...

～～～～～～～～～～～～～～～～～～～～

SCÈNE VIII.
LA MARQUISE, LA COMTESSE, D'ESTELAN, M. DE PIENNE.

D'ESTELAN, à la marquise.
　　　　　　Eh! venez donc, madame.
　　　　LA MARQUISE.
Quel bruit! Quels cris!
　　　　M. DE PIENNE.
　　　　　　O ciel!
　　　　D'ESTELAN.
　　　　　　　　Je conviens de mon tort:
Je suis trop vif... J'ai dit dans mon premier transport...
Mais pourquoi refuser aussi d'être ma femme?
　　　　LA MARQUISE.
Quoi, c'est là le sujet?... Votre brutalité...
　　　　LA COMTESSE.
　　Ah, mon amie!
　　　　D'ESTELAN.
　　　　　　Adorable Sancerre,
　　Oubliez ma vivacité;
　　Votre chagrin me désespère.
(A la marquise.)
Obtenez mon pardon... Madame, en vérité,
　　J'étais troublé par la colère.
(A M. de Pienne.)
Monsieur, priez pour moi... J'aime, je suis jaloux:
J'ai peut-être un rival, un rival redoutable...
　　　　Ah! vous devez m'excuser tous.
Je suis trop amoureux pour être raisonnable.
　　　　LA MARQUISE.
La folie est un mal qui doit se pardonner.
Cela peut arriver à la meilleure tête.

Monsieur, on peut déraisonner ;
Mais il faut au moins être honnête.
  D'ESTELAN.
Eh, ventrebleu !
  M. DE PIENNE.
            N'oubliez pas, Monsieur,
Que vous êtes avec des femmes.
  D'ESTELAN.
Je respecte beaucoup ces dames ;
J'en aime une de tout mon cœur,
Et quoiqu'on soit, Monsieur, d'une rudesse extrême,
    N'oubliez pas, tout le premier,
    Que quoique marin et grossier,
Je ne puis pas vouloir offenser ce que j'aime.
  M. DE PIENNE.
Je le veux croire, mais enfin...
  LA COMTESSE.
              Si vous saviez...
  D'ESTELAN.
Laissons-là mes fureurs et mon extravagance ;
Que mes transports jaloux soient par vous oubliés.
J'ai, je vous le répète, une fortune immense ;
    Et je viens la mettre à vos pieds.
  LA COMTESSE.
Ah, je vous crois, Monsieur, des biens considérables,
    Et vous pouvez encor les augmenter.
Oui, je vais, dès ce soir...
  D'ESTELAN.
                Eh! veuillez m'écouter !
Sans vous, qu'ont-ils ces biens pour être désirables?
  LA MARQUISE.
Quelle est donc cette énigme ?
  M. DE PIENNE.
              A quoi tend ce discours ?
  LA COMTESSE.
Monsieur est...
  D'ESTELAN.
      Non, Madame.. Et pourquoi leur apprendre?
Je ne suis rien... Je n'ai d'autre droit qu'un cœur tendre,
    Qu'un cœur brûlant des plus vives amours...
Acceptez-le, par grâce...
  LA MARQUISE.
          Il a perdu la tête.
  M. DE PIENNE.
Mais, Monsieur, vous vous égarez...
  LA COMTESSE.
Ah ! souffrez que je vous arrête,
Et de Monsieur, quand vous le connaîtrez,
  Ainsi que moi, vous jugerez :
Il n'est point de cœur plus honnête.
Monsieur est d'Estelan, mon cousin...
  M. DE PIENNE.
                Lui ?
  LA MARQUISE.
                  Qui, lui ?
Comment, il n'est pas mort !
  D'ESTELAN.
            Non, et pour tout vous dire,
Je revenais faire valoir ici
Un droit incontestable, et qu'on n'a pu proscrire.
Je fus jadis un fou... L'on peut l'être à vingt ans.

Pour une esclave de mon père
Je brûlai d'une ardeur légère.
La raison l'éteignit plus encor que le temps :
  Mon père, mal instruit sans doute,
      (A la Comtesse.)
M'exhéréda... Mon bien enrichit la vertu
Et la beauté, puisque vous l'avez eu :
    J'y gagne plus qu'il ne m'en coûte ;
Mais jamais cet hymen, il est vrai, résolu,
Qui d'un père abusé m'attira la colère,
    Ce projet fou, d'un âge téméraire,
Ce vil hymen ne fut jamais conclu ;
Et je venais pour rendre la justice
A mon bon droit, à l'équité propice,
    Pour qu'on annulât un testament,
Qui, s'il ne me ruine, au moins me déshonore.
    Mais je la vois, mais je l'adore,
    Et bannis tout ressentiment.
Loin de vouloir lui ravir sa fortune,
Et ma vie et mes biens, je lui viens tout offrir.
      Notre félicité commune,
L'équité, mon amour, tout doit nous réunir.
    Mes amis, je vous en conjure,
    Secondez-moi, tâchons de la fléchir.
    Par une agréable imposture
Je ne sais point embellir mes discours.
Mon langage, mon cœur, mon esprit, mes amours
    Sont sans apprêts, ainsi que la nature :
    Mais mon langage est celui d'un bon cœur.
    Mais ce cœur aime avec idolâtrie ;
Et s'il faut perdre, hélas ! l'espérance chérie
D'être un jour son époux, de faire son bonheur,
Soyez assez humains pour m'arracher la vie !
  LA MARQUISE.
Mais s'il était moins brusque, il est intéressant.
  LA COMTESSE.
    Ah, Monsieur ! comment reconnaître
Un procédé si noble et si touchant ?
Après les sentimens que vous faites paraître,
Lorsque vous inspirez un intérêt si grand,
      Faut-il, hélas ! pour me confondre,
Que mon cœur soit contraint...
  LA MARQUISE.
            Laissez, je vais répondre.
Vous êtes fort émue, et je suis de sang-froid ;
Je vais discuter votre droit.
  D'ESTELAN.
Et quel droit, s'il vous plaît ?
  LA MARQUISE.
              Mais celui qui subsiste :
Le testament.
  D'ESTELAN.
      Abus.
  LA COMTESSE.
          Monsieur, je me désiste
De tout droit à vos biens. L'acte fût-il meilleur,
    Eussiez-vous encor plus mérité la colère
        Et la punition sévère
    De votre père et de mon bienfaiteur...
Vos titres sont incontestables,

ACTE II, SCÈNE IX.

Et des miens contre vous je ne veux point m'armer.
　　Plus les biens sont considérables,
　　Plus vous devez les réclamer,
　Et moins je dois les garder davantage :
　Ils sont à vous, rentrez dans tous vos droits.
L'exacte probité ne connaît point de lois
Qui puisse autoriser le vol d'un héritage.

LA MARQUISE.
Que faites-vous ?

D'ESTELAN.
　　　　Comment ?

LA COMTESSE.
　　　　　　　Écoutez-moi, Monsieur.
Quant à l'hymen que vous avez en vue,
De tous les biens que je vous restitue,
Il ne me reste que mon cœur ;
Souffrez que j'en sois la maîtresse.
　Je sens, ainsi que je le dois,
　　L'honneur que me fait votre choix ;
　　Mais commande-t-on la tendresse ?
Plus vous m'aimez, plus je dois de retour
　　Au sentiment qui vous anime.
Je ne puis vous offrir que la plus tendre estime,
Et l'estime est trop peu pour payer tant d'amour.
Reprenez tous vos biens. Au bonheur de ma vie
Ils ne contribueraient que médiocrement :
　　Que l'amitié soit le seul sentiment
　Qui pour jamais l'un à l'autre nous lie !
Est-ce un si grand effort ? Vous m'aimez comme amant,
　　Aimez-moi comme votre amie.

D'ESTELAN.
Et vous me regardez, cruelle !... et vous parlez ;
　　　Et votre voix enchanteresse,
　　　Dans ce cœur que vous désolez,
Par les plus doux accents, ajoute à mon ivresse ;
Et tout en vous, tout est fait pour charmer.
Les grâces, la beauté, l'esprit, le caractère ;
　Vous unissez tout ce qu'il faut pour plaire,
　Et vous voulez que je cesse d'aimer !
Point d'amitié ! Non, mon âme brûlante
Ne peut se contenter d'un sentiment si froid.
A de l'amour c'est de l'amour qu'on doit :
　　Soyez ma femme, mon amante,
Et que rien que la mort ne brise nos liens.
　　Moi, j'irais reprendre vos biens !
Je ne suis que trop riche, et cela m'importune.
Que me serait, sans vous, la plus haute fortune ?
C'est vous seule, c'est vous que je veux, oui, vous, vous.
　Je veux que vous soyez ma femme ;
Et malgré vous ; oui, malgré vous, Madame,
　Il faut que je sois votre époux.

LA MARQUISE.
Il est fort, celui-là !

M. DE PIENNE.
　　　　Que pouvez-vous prétendre ?
Eh, quels seront vos droits, quand Madame consent
　A renoncer pour vous au testament ?

LA COMTESSE.
Oui, Monsieur, dès ce soir je saurai tout vous rendre.

D'ESTELAN.
Et moi, Madame, et moi, je ne veux rien reprendre,
Je veux plaider.

LA COMTESSE.
　　Plaider ! Vous, Monsieur ? Et pourquoi ?
Je rends tout.

D'ESTELAN.
　　Il m'importe, et je veux plaider, moi.
Nous plaiderons.

LA MARQUISE.
　　　Si j'étais à sa place,
　　Je ne vous ferais point de grâce.
　　Homme grossier, homme entêté !
Vous plaidez par malice ; et, craintive, elle n'ose...
　Elle a bon droit et gain de cause.
　Déshérité !... cent fois déshérité !...

LA COMTESSE.
Eh ! laissez donc.

D'ESTELAN.
　　　　Non, non, qu'elle poursuive.
Contre votre beauté, contre ce ton si doux,
　　Qui me désarme et me captive,
　　Ses injures et son courroux
Mieux que mon cœur me serviront contre vous.
Adieu ; si du procès l'issue est incertaine ;
Si je le perds, du moins je saurai me venger.
　　Vous êtes cruelle, inhumaine ;
Mon cœur de ses liens ne peut se dégager ;
　　Un procès vous fait de la peine ;
Et moi, je veux plaider pour vous faire enrager.
　　　　　　　　　　　(Il sort.)

SCÈNE IX.

LA MARQUISE, LA COMTESSE,
M. DE PIENNE.

LA COMTESSE.
Eh ! Monsieur, arrêtez...

LA MARQUISE.
　　　Monsieur ?

M. DE PIENNE.
　　　　　Il prend la fuite.
　　Moitié tendre, moitié brutal,
　　Cet homme est bien original !

LA MARQUISE.
Je croyais m'amuser un peu de la visite ;
　Il m'a prouvé que je croyais fort mal.

LA COMTESSE.
　　A Montalais, en mariage,
Je croyais apporter un immense héritage ;
Je m'en flattais jusqu'à ce jour.
Mes biens sur sa maison, non moins pauvre qu'illustre,
　　Allaient répandre un nouveau lustre ;
Et je n'ai plus pour dot que le plus tendre amour !

LA MARQUISE.
Eh ! que faut-il de plus à sa tendresse extrême ?

M. DE PIENNE.
Quel bien plus précieux est-il pour un amant ?

LA COMTESSE.
　　Ah ! renonce-t-on aisément
Au plaisir, au bonheur d'enrichir ce qu'on aime ?

LA MARQUISE.
J'entends du bruit.
LA COMTESSE.
C'est lui, je le sens à mon cœur.
M. DE PIENNE.
Madame, c'est lui-même.

SCÈNE X.
LA MARQUISE, MONTALAIS, LA COMTESSE, M. DE PIENNE.

LA COMTESSE.
Cher Montalais!
MONTALAIS.
Enfin, je vous revois!
Après trois mois d'une pénible attente;
Ce jour heureux me rend tout à la fois
Et mes amis et mon amante...
Mais quels tristes regards et quel sombre maintien!
Sur quel sujet roulait votre entretien?
Vous est-il arrivé quelque accident funeste?
Vous ne me dites rien.
LA COMTESSE.
Hélas!
LA MARQUISE.
Ah! Montalais!
M. DE PIENNE.
Nous ne sommes pas gais.
MONTALAIS.
Cela se voit de reste.
Est-ce parce qu'on juge aujourd'hui mon procès?
LA MARQUISE.
Nous étions tous d'une gaîté charmante!
J'ai bien ri ce matin, et nous pleurons ce soir.
MONTALAIS.
Vous m'effrayez!
LA COMTESSE.
Je viens de recevoir
Une visite à coup sûr étonnante.
MONTALAIS.
Et de qui donc?
LA MARQUISE.
D'un fou.
MONTALAIS.
Quel est-il?
LA COMTESSE.
Mon cousin.
MONTALAIS.
Et lequel?
M. DE PIENNE.
D'Estelan.
MONTALAIS.
D'Estelan!
LA COMTESSE.
Oui, lui-même.
LA MARQUISE.
Il réclame ses biens.
LA COMTESSE.
Il a des droits.
M. DE PIENNE.
Il l'aime.

LA COMTESSE.
Le testament est nul.
LA MARQUISE.
Plein d'une ardeur extrême,
Il offre, avec son cœur, sa fortune et sa main.
M. DE PIENNE.
Il s'obstine à ne rien reprendre.
LA COMTESSE.
Je ne veux point plaider, je veux..
MONTALAIS.
Il faut tout rendre.
LA COMTESSE.
Ah! Montalais, c'est mon dessein;
Mais en rendant un si riche héritage,
La pauvreté devient mon seul partage.
Et l'hymen fortuné dont mon cœur, ce matin,
Se formait la plus douce image...
MONTALAIS.
Et cet hymen comblera tous nos vœux.
O mon amie! un peu moins de richesse
Et toujours la même tendresse;
Nous n'en serons que plus heureux.
J'acceptais les bienfaits d'une main aussi chère,
Je les acceptais sans rougir;
L'amour ennoblit tout quand l'amour est sincère;
Et c'est à moi maintenant de jouir
Du plaisir qu'espérait Sancerre,
Et du bonheur qu'on vient de lui ravir.
Oui, chère amante, aimable et tendre amie,
Le peu que j'ai, mon amour et ma vie,
Jouissez-en comme de vos bienfaits;
Tout est à vous. Si ma tendresse,
Si les soins, si le cœur de l'heureux Montalais
Peuvent vous tenir lieu d'une immense richesse,
Je ne craindrai de vous ni plaintes, ni regrets.
LA COMTESSE.
Ah! vous aviez raison, de Pienne!...
J'accepte tout... Je te donne ma foi,
Je reçois à jamais la tienne.
Ton cœur est le seul bien, le seul qui m'appartienne,
Et ta tendresse est tout pour moi.
Mais, Montalais, voici l'heure fatale...
MONTALAIS.
Nous allons nous rendre au palais.
LA COMTESSE.
Rien n'est plus incertain que le sort d'un procès.
Votre fortune en dépend... Rien n'égale
Mon effroi, ma perplexité.
MONTALAIS.
Mal à propos votre esprit se tourmente;
Mon avocat dit ma cause excellente;
J'attends l'événement avec tranquillité.
Venez me voir juger.
LA COMTESSE.
Non; je suis trop tremblante.
MONTALAIS.
Moi j'ai d'heureux pressentimens.
LA COMTESSE.
Permettez qu'ici je demeure.
Allez, ne perdez point de temps...
Je saurai mon sort dans une heure.

(A la marquise.)
Allez-vous au palais?
LA MARQUISE.
Non, je reste avec vous.
Je suis femme, sans doute, et des plus curieuses,
J'aime à pouvoir porter des nouvelles heureuses ;
Mais je vous immole mes goûts.
LA COMTESSE.
Je vous en remercie... Allez... je vais écrire
A ce fou, qui, dans son délire,

S'obstine à refuser son bien ;
Qui veut plaider, quoi qu'on puisse lui dire.
Ou s'unir avec moi d'un éternel lien.
(A Montalais.)
De la fortune, hélas! je n'exige plus rien ;
Je partage la tienne, et le ciel équitable
Va t'assurer un bien qui suffit à tous deux.
Si d'une tendre amante il écoute les vœux,
L'événement te sera favorable ;
Le triomphe t'attend, et nous sommes heureux.

ACTE TROISIÈME.

SCÈNE I.
LA COMTESSE, seule.

Pour la dernière fois parlons à d'Estelan :
    C'est la marquise qui l'irrite.
En le contrariant elle aigrit, elle excite
Un cœur né vif, et d'ailleurs excellent.
Seule sur son esprit j'aurai bien plus d'empire,
    Il ne pourra me résister.
    La douceur seule peut séduire
Un caractère ardent, prompt à se révolter.
    Il ignore que l'hyménée
Doit avec Montalais unir ma destinée,
Il me croit libre ; eh bien, prolongeons son erreur ;
S'il faut qu'un jour la vérité l'éclaire,
Ah! que ce soit du moins sans faire son malheur !
Qu'il ne pénètre enfin ce douloureux mystère
    Qu'après avoir triomphé de son cœur.
On vient, c'est d'Estelan. Renfermons en moi-même
Et mes chagrins et mon désordre extrême.

SCÈNE II.
D'ESTELAN, LA COMTESSE.

D'ESTELAN.
Me voilà... grace au ciel, nous serons sans témoins ?
Je hais bien fort votre insigne vieuse,
Et votre grand monsieur... Sa mine sérieuse
Me glace et me déplait... Si je vous aimais moins,
Je serais bien honteux de la sotte colère
    Que j'ai fait voir tantôt en vous quittant.
Je me suis comporté vraiment comme un enfant ;
Mais ce n'est pas ma faute... Un maudit caractère,
    Un vice d'éducation...
    Grace ! clémence, adorable Sancerre ;
J'aime, et c'est bien assez pour ma punition.
Les fautes de l'amour aisément se pardonnent :
    Il n'a pas les yeux bien ouverts,
    Il nous mène tout de travers,
    Et les passions déraisonnent.
LA COMTESSE.
    Je ne me souviens plus de rien :
    Quand votre faute est par vous reconnue,

Je l'oublie, et n'ai d'autre vue,
En obtenant de vous cet entretien,
Que d'éclaircir vos doutes sur un bien
Que l'équité veut que je restitue.
D'ESTELAN.
Eh quoi ! toujours me parler de cela !
    Au diable le sot héritage !
Parlons de mon amour, de mes offres... Voilà
    Ce qui me touche davantage.
LA COMTESSE.
    Promettez-moi de m'écouter
    Sans vivacité, sans colère.
D'ESTELAN.
Oui, oui, je me corrige, et mon sang se tempère.
Je vous promets de ne pas m'emporter.
LA C.
Tout Paris est instruit ... ma fortune.
Vous méritez, à ... sort
Que vous fit éprouver ... sa mort.
    Telle est l'opinion commune.
    Le monde ne peut se résoudre
A ne porter qu'un jugement certain ;
    Il veut des preuves pour absoudre,
    Il condamne sans examen.
S'il faut que de nos cris le barreau retentisse,
    Quel champ pour la malignité !
    On dira que je veux employer la justice
    A consacrer l'iniquité.
Si l'hymen nous unit, on dira que certaine
    De perdre un bien que la loi m'eût ôté,
J'ai, pour le conserver, sacrifié sans peine
    Mon penchant et ma liberté.
Vous ignorez, Monsieur, tout ce que peut l'envie
    Pour noircir la plus belle vie.
Jugez, après cela, si je dois m'exposer
A des bruits dont en vain je voudrais me défendre ;
Si nous devons plaider, quand je veux tout vous rendre,
    Et si je puis vous épouser.
D'ESTELAN.
Eh que vous font les propos du vulgaire ?
    Pour exercer sa malice ordinaire,
    Viendra-t-il chez vous vous chercher ?
    D'ailleurs ses traits ne peuvent vous toucher,

Pour les braver, vous avez un asile :
C'est votre conscience. On doit être tranquille
Quand un pareil témoin n'a rien à reprocher.
Mais, malgré les détours que vous prenez, Madame,
Je pénètre, je lis jusqu'au fond de votre âme.
Vous êtes généreuse, et vous avez pitié
D'un malheureux dont la raison s'altère ;
Vous ne prétendez pas, quand je ne puis vous plaire,
Que par un dur refus je sois humilié :
Vous savez l'adoucir par tant de politesse,
Par une voix si tendre, un ton si pénétré,
Que le cœur est forcé de vous aimer, traîtresse,
 Quand par vous il est déchiré.
 Je suis sans art, mais je vois votre adresse,
 Et je vous en sais bien bon gré.
Il faut donc renoncer à la douce espérance
De vous voir à mon sort unir votre destin ?
Je ne prétends vous faire aucune violence...
 Sans le cœur qu'est-ce que la main ?
Et vous ne m'aimez pas ; j'en ai la triste preuve.
Mais n'aimez-vous personne ?... Allons, en bonne foi,
Est-il quelqu'un plus fortuné que moi ?
 Voulez-vous toujours rester veuve ?
  LA COMTESSE.
J'ignore quel destin me réserve le Ciel,
Et ce qu'en ce moment sur mon sort il prononce ;
Je ne puis rien répondre de formel :
Peut-être pour jamais il faut que je renonce
 Aux doux plaisirs d'un amour mutuel...
Voilà dans cet instant ce que mon cœur m'annonce,
 Et mon veuvage est peut-être éternel.
  D'ESTELAN.
Tant mieux ! si ne pas plaire est un chagrin sensible,
Si de votre froideur je suis désespéré,
Mon mal serait encor mille fois plus horrible
 Si quelqu'un m'était préféré.
Me voilà plus tranquille !... Ainsi, sur l'héritage,
 Vos scrupules hors de saison...
  LA COMTESSE.
Voici le testament, les papiers...
  D'ESTELAN.
   A quoi bon ?
  LA COMTESSE.
Je ne puis plus les garder davantage.
  D'ESTELAN.
Je n'en veux point, vous dis-je, et je suis riche assez.
C'est en vain que vous me pressez.
  LA COMTESSE.
Prenez, Monsieur, prenez, je suis inébranlable.
  D'ESTELAN.
Mais réfléchissez donc, ô femme inconcevable !
 Vous n'aviez rien, et je dois le savoir,
Quand monsieur d'Estelan vous fit son héritière ;
 Sa fortune est tout votre espoir :
Que vous restera-t-il en la perdant entière ?
  LA COMTESSE.
 L'honneur d'avoir fait mon devoir.
  D'ESTELAN.
 Qui que tu sois... ange... génie...
Car tant de grandeur d'âme et tant de loyauté
Ne sont pas d'un mortel, tes vertus t'ont trahie...

Tu n'as rien de l'humanité
Que la forme et que la beauté.
Qui que tu sois, je t'en supplie,
Laisse-moi t'adorer, laisse-moi t'enrichir.
Reprends tous ces papiers dont l'aspect m'importune ;
Il n'appartient qu'à toi d'honorer la fortune,
 Si la vertu peut l'ennoblir.
Reprends...

SCÈNE III.
LA COMTESSE, D'ESTELAN, LA MARQUISE.

  LA MARQUISE, entrant étourdiment.
 Est-il parti ?
  D'ESTELAN.
   Non, pas encor, madame.
  LA MARQUISE.
Et voulez-vous toujours épouser ou plaider ?
  D'ESTELAN.
La chose en rien ne doit vous regarder.
Ce n'est pas vous que je voulais pour femme,
Le Ciel d'un tel malheur m'a bien voulu garder.
  LA MARQUISE.
 Qu'il est galant !
  D'ESTELAN.
  Je suis vrai.
  LA COMTESSE.
   J'ai la gloire
D'avoir changé monsieur. J'ai su le disposer...
  D'ESTELAN.
La raison sur l'amour remporte la victoire.
Je ne m'obstine plus à vouloir l'épouser.
Je suis bouillant, je suis colère ;
Mais après tout, quand je ne sais pas plaire,
 Je ne sais pas tyranniser.
  LA MARQUISE.
C'est pour moi seule au moins qu'il n'est jamais aimable.
Je suis charmée au fond de vous voir raisonnable.
Mais comment voulez-vous qu'elle pût vous aimer ?
Est-ce au moment qu'un heureux hyménée
Doit avec Montalais unir sa destinée,
Que vous pouviez prétendre à l'enflammer ?
  D'ESTELAN.
Quoi ?
  LA COMTESSE.
Juste Ciel... marquise...
  LA MARQUISE.
   Elle a dû vous le dire.
Oui, Montalais est un homme charmant.
  D'ESTELAN.
Elle l'aime ?
  LA COMTESSE.
Arrêtez... je souffre le martyre.
  LA MARQUISE.
Vous savez bien que pour elle il soupire
Depuis six ans... Oui, Monsieur, constamment.
  D'ESTELAN.
Quoi ! vous aimez ?
  LA MARQUISE.
  Ce n'est pas un mystère.

ACTE III, SCÈNE V.

D'ESTELAN.
Quoi ! vous vous mariez ?
LA MARQUISE.
Dès demain, je l'espère.
D'ESTELAN.
Vous m'avez trompé !... vous !... Adieu, Madame.
(Il sort.)

SCÈNE IV.
LA COMTESSE, LA MARQUISE.

LA COMTESSE.
Ah! ciel !
Qu'avez-vous fait ?
LA MARQUISE.
Mais une étourderie,
Si ce que je crois est réel.
Aussi de vos desseins que n'étais-je avertie ?
C'est quelque chose de cruel,
Il est dur d'ignorer les secrets d'une amie.
On pense la servir contre un original,
On veut bien faire, et l'on fait mal.
LA COMTESSE.
Mais la discrétion était si naturelle !
Vous connaissez le fougueux d'Estelan,
Sa brusquerie et son sang pétillant :
Vous ne pouvez douter que la moindre étincelle
N'enflamme un esprit si bouillant :
Comment ne pas sentir que je devais me taire
Sur mon hymen, sur le nom d'un époux ?
Aux premiers transports d'un jaloux,
Heureux peut-être autant que téméraire,
Ne devais-je donc pas soustraire
L'objet de mes vœux les plus doux ?
LA MARQUISE.
Je reconnais ma faute, et j'en suis bien honteuse.
Quoi, d'Estelan ?... Je suis bien malheureuse.
LA COMTESSE.
Calmez-vous ; le danger peut encor s'éviter.
Sur Montalais j'ai quelque empire ;
Et quant à d'Estelan, le moment du délire
Est le seul avec lui qui soit à redouter.
LA MARQUISE.
En vérité, vous me rendez la vie.
LA COMTESSE.
Mais ils ne viennent point... J'attends, en frémissant,
Un arrêt bien intéressant.
LA MARQUISE.
Dans votre cour j'entends un équipage...
Et votre doute enfin va se voir éclairci.
Vous pâlissez ?...
LA COMTESSE.
Moi !
LA MARQUISE.
Reprenez courage :
Le cœur me dit que tout a réussi.
LA COMTESSE.
Puisse le Ciel accomplir le présage !
Je ne me soutiens plus... Je tremble.

LA MARQUISE.
Les voici.

SCÈNE V.
LA COMTESSE, MONTALAIS, LA MARQUISE, M. DE PIENNE.

LA MARQUISE.
Eh bien ?
LA COMTESSE.
Ciel ! vous avez perdu votre cause !
MONTALAIS.
Oui
LA MARQUISE.
On vous condamne ?
M. DE PIENNE.
Il n'est plus d'espérance.
Dépens, dommages, intérêts,
Il perd tout avec son procès.
LA MARQUISE.
C'est une iniquité, c'est une préférence.
MONTALAIS.
Mes juges ont raison, et j'étais abusé.
De l'examen des faits je m'étais reposé
Sur un homme que l'apparence
A sans doute séduit plus que l'appât du gain.
Je regardais mon droit comme certain,
J'agissais avec confiance ;
Mais au simple exposé, dès le premier rapport,
J'ai de mes faibles droits senti l'insuffisance ;
J'ai prévu quel serait mon sort,
Et me suis prononcé moi-même ma sentence.
Je sens combien le coup est accablant,
Et ne me vante point du fastueux courage
De voir mon sort d'un œil indifférent.
Mon malheur est d'autant plus grand
Qu'une autre avec moi le partage.
O ma plus tendre amie ! est-ce là le destin,
Est-ce là le bonheur dont notre œil ce matin
Nos yeux entrevoyaient la séduisante image ?
Tout a changé pour nous dans l'espace d'un jour.
Et contre un si terrible orage
Nous ne pouvons opposer que l'amour.
Vous ne me dites rien ! quel silence funeste !
Ah ! je n'ai rien perdu si votre cœur me reste...
Sancerre !... Eh quoi, loin de me consoler,
Vous détournez la vue, et craignez de parler ?
LA COMTESSE.
Ah ! Montalais !
MONTALAIS.
Eh bien ?
LA COMTESSE, à part.
Quel sacrifice !
Il est affreux ; il faut qu'il s'accomplisse.
MONTALAIS.
Qu'avez-vous donc, et d'où vient qu'aujourd'hui...
LA COMTESSE.
Vous allez tout savoir.
MONTALAIS.
Quoi donc ?

LA COMTESSE.
            Monsieur de Pienne,
Et vous, marquise, un moment avec lui
Permettez que je m'entretienne.
LA MARQUISE.
Très volontiers; mais qu'il me soit permis
De vous bien rappeler, à l'un ainsi qu'à l'autre,
Que, quel que soit son malheur et le vôtre,
Vous avez encor des amis.
LA COMTESSE.
Voilà mon seul espoir.

SCÈNE VI.
LA COMTESSE, MONTALAIS.

MONTALAIS.
Je vous regarde et je frémis...
Sancerre, qu'allez-vous m'apprendre?
D'un froid mortel tous mes sens sont saisis..
Pour la première fois je crains de vous entendre.
LA COMTESSE.
Oppose à nos malheurs un cœur plus affermi.
Tu m'es bien cher!.. Ah! Montalais! mon âme
Ne le sentit jamais comme aujourd'hui.
Mais il faut renoncer à moi.
MONTALAIS.
Sancerre!
LA COMTESSE.
        Il faut briser la chaine la plus belle,
Et pour jamais nous séparer.
Un cloître... désormais voilà mon seul asile.
Si je te sais heureux, j'y vivrai plus tranquille.
Tu viens de perdre tout; vis pour tout réparer;
Tu le dois, tu le peux, remplis la destinée;
La mienne est d'être infortunée,
Et de vivre pour te pleurer.
MONTALAIS.
Est-ce un songe effrayant dont l'horreur m'environne?
C'est vous, c'est vous que mon malheur étonne...
Si quelqu'un me l'eût dit, je ne l'aurais pas cru.
Ah! malheureux! j'ai tout perdu,
Et Sancerre aussi m'abandonne!
LA COMTESSE.
Quel soupçon! quel reproche! Ingrat, il est affreux.
Je te pardonne cet outrage;
Du désespoir c'est le langage,
Et tu serais plus juste, étant moins malheureux.
Par le retour de d'Estelan
La pauvreté devient mon seul partage;
Irai-je en dot, et pour tout héritage,
Porter à mon époux ce funeste présent?
Songe à ton nom, songe à mon sang,
A ce qu'exigeront de nous en mariage
Et ta naissance et notre rang;
Et considère après si le sort qui l'opprime
De nous unir encor nous permet le bonheur.
Ah! laisse-moi, dans l'ardeur qui m'anime,
Supporter seule, ami, notre commun malheur.
C'est bien assez d'une victime.

MONTALAIS.
Qui vous, cruelle; vous m'aimez,
Et votre bouche ose ici me prescrire
De renoncer au seul bien où j'aspire?
Et vous m'aimez, vous m'estimez?
Grand Dieu! Je saurais mon amante
Plaintive, isolée et souffrante
Dans l'horreur de la pauvreté;
Et moi, d'une âme indifférente,
Occupé de moi seul et de ma vanité,
J'irais flatter la fortune insolente;
Solliciter près d'elle un regard de bonté,
Et mendier sa faveur inconstante,
Pour briller un moment d'un éclat emprunté?
Non, ce n'est point ainsi qu'on aime,
Que j'aimerai jusqu'à la mort.
Le ciel vous persécute, il m'accable de même;
Heureux ou malheureux, je subis votre sort;
Tous deux faisons tête à l'orage;
Avec un même cœur, ayons même courage;
Opposons notre amour et son commun effort
Au sort qui tous deux nous outrage...
Voilà de deux amans, oui, voilà le langage,
Lorsque l'on veut les traverser.
Ce sont là les discours que l'amour leur inspire;
C'est là ce qu'ils doivent penser;
Et voilà ce qu'il fallait dire.

SCÈNE VII.
LA COMTESSE, MONTALAIS, D'ESTELAN,
LA MARQUISE, M. DE PIENNE.

D'ESTELAN, à la marquise et à M. de Pienne, qui
veulent l'empêcher d'entrer.
Pourquoi voulez-vous m'interdire
L'accès de cet appartement?
Je veux la voir, lui parler...
M. DE PIENNE.
                Un moment.
D'ESTELAN.
Il faut que je la voie à présent.
LA MARQUISE.
            Quel délire!
D'ESTELAN.
Je la verrai, vous dis-je... A la fin, m'y voici.
Parbleu, madame, on a bien de la peine...
Ah! vous n'êtes pas seule ici?
Quel est ce monsieur-là?.. Montalais? Oui, c'est lui.
Bonjour, monsieur. Je sais quel sujet vous amène:
Vous aimez ma cousine... Et moi, je l'aime aussi;
Mais elle ne me voit qu'avec indifférence,
Et vous êtes aimé... C'est fort bien fait à vous.
Malgré tout mon amour, malgré sa violence,
Vous allez donc enfin devenir son époux!
MONTALAIS.
Son époux!... Ah!
D'ESTELAN.
            Quoi, vous versez des larmes?
Je ne viens point ici pour vous donner d'alarmes...

ACTE III, SCÈNE VII.

Et vous aussi... Vous pleurez... Et pourquoi ?
LA COMTESSE.
Que voulez-vous savoir ?
D'ESTELAN.
Son chagrin est le vôtre.
Dites-m'en le sujet : vite, dites-le moi.
Pourquoi pleurez-vous l'un et l'autre ?
Est-ce encor moi ?.. Je suis bien malheureux !
Me faites-vous un crime, hélas ! de ma faiblesse ?
Je ne viens point troubler votre tendresse.
L'hymen va vous unir tous deux...
Et moi, je pars, je quitte à jamais la contrée
Qui, pour mon désespoir, à moi vous a montrée.
Je vais mettre entre nous l'immensité des mers...
Puisse votre image adorée
Cesser de tourmenter mon âme déchirée,
Et ne pas me poursuivre au bout de l'univers !
Vous, heureux l'un par l'autre...
MONTALAIS.
Ah ! jamais l'hyménée
Ne joindra notre destinée !
Du sort le plus affreux j'éprouve tous les coups...
Je suis, Monsieur, plus malheureux que vous.
D'ESTELAN.
Je ne vous comprends point.
MONTALAIS.
Elle renonce au monde.
Dans une obscurité profonde
L'ingrate court s'ensevelir...
Au fond d'un cloître...
D'ESTELAN.
Vous !
LA MARQUISE.
O ma chère Sancerre !
D'ESTELAN.
Expliquez-moi donc ce mystère.
MONTALAIS.
Tout à la fois généreuse et cruelle,
Elle veut s'immoler, dit-elle, à mon bonheur.
Elle me rend ma liberté, mon cœur,
Et m'ordonne d'aller loin d'elle
M'appuyer des secours d'une faible faveur
Pour rappeler à moi la fortune infidèle.
LA COMTESSE.
Vous le devez et je le veux ;
Soumettons-nous au sort qui nous sépare,
D'ESTELAN.
Et c'est moi, juste Ciel, qui les rend malheureux !
Moi, je serais assez barbare
Pour désunir deux cœurs si généreux !
Vous allez le quitter ? Vous voulez qu'il renonce
Au bonheur d'être votre époux ?
Vous voulez donc sa mort ? Dites, la voulez-vous ?
C'en est l'arrêt qu'ici votre bouche prononce.
Si je ne puis oublier vos attraits,
Lorsque pour moi vous êtes inflexible,
Lui qui, blessé des mêmes traits,
A réussi du moins à vous rendre sensible,
Dites-moi, pourra-t-il vous oublier jamais ?
Et vous, cruelle, oui, vous-même,

La générosité vous aveugle aujourd'hui.
Demain vous sentirez peut-être autant que lui
Qu'il faut mourir quand on perd ce qu'on aime.
Vous l'exigez de lui, vous vous séparerez,
Mais vous emporterez son cœur, et lui le vôtre,
Et tous deux seront déchirés.
Après avoir vécu malheureux l'un par l'autre,
En vous aimant encor, tous deux vous périrez...
Je n'y puis consentir : non jamais, femme ingrate,
Et, malgré toi, je ferai ton bonheur.
C'est inutilement que ton orgueil se flatte
De refuser mes dons comme mon cœur...
Le voilà, votre époux, il l'est, il le doit être :
Il ne vous eût pas plu, s'il n'était vertueux :
Vous vous convenez tous les deux.
A l'égard de vos biens, je vous ferai connaître
Que, si de beaux dehors ne parlent point pour moi,
Un cœur droit, un bon cœur est du moins mon partage.
(Lui donnant des papiers.)
Tenez, prenez cela.
LA COMTESSE.
Que faites-vous ?
MONTALAIS.
Pourquoi ?...
D'ESTELAN.
Reprenez vos papiers... Gardez votre héritage ;
Je vous le donne, et mieux que n'avait fait la loi.
Prenez aussi cet acte : il vous atteste
Qu'à cet héritage funeste
J'ai ce matin renoncé pour toujours...
Il m'est affreux, je le déteste ;
Il a troublé le repos de mes jours.
J'étais heureux, vous m'étiez inconnue...
De mon bonheur il a détruit le cours,
Puisque c'est par lui seul qu'ici je vous ai vue.
Quoi ! vous baissez les yeux ! me refuseriez-vous ?
LA COMTESSE.
Ah ! Monsieur !
D'ESTELAN.
Montalais !
MONTALAIS.
Grand Dieu !
D'ESTELAN.
Femme adorable !
(A la Marquise et à M. de Pienne.)
Mes amis, réunissons-nous ;
Venez, embrassons ses genoux,
Obtenons d'elle un aveu favorable,
(Se jetant aux pieds de la comtesse.)
Sancerre, laissez-vous fléchir...
LA MARQUISE.
Cédez.
M. DE PIENNE.
Vous le devez.
LA COMTESSE.
Tant de grandeur m'accable...
Mais accepter...
D'ESTELAN.
Tu le peux sans rougir.
Le plus beau droit de l'opulence.
Celui qui peut lui seul l'ennoblir à jamais,

C'est le droit d'enrichir l'honorable indigence,
De l'accabler de ses bienfaits.
LA COMTESSE.
Je me rends.
D'ESTELAN, sautant au cou de Montalais.
Montalais!
MONTALAIS.
Ah, je vous dois la vie!
M'acquitter envers vous n'est plus en mon pouvoir;
Mais parmi tous les biens que je vais vous devoir,
Son cœur, votre amitié, sont les seuls que j'envie.
LA MARQUISE, à d'Estelan en l'embrassant.
Monsieur, je me réconcilie
Volontiers avec votre humeur;
On peut vous pardonner un peu de brusquerie,
On n'a point de défauts avec un si bon cœur.
M. DE PIENNE.
Cher Montalais!
LA COMTESSE, à d'Estelan.
Votre ame généreuse,
Lorsque par moi vous êtes offensé...
D'ESTELAN, prenant Montalais par la main et lui montrant la comtesse.
Mon ami, qu'elle soit heureuse,
Et je suis bien récompensé.
(A la comtesse.) (A Montalais.)
Chérissez-le toujours... Sois-lui toujours fidèle.
(Joignant la main de Montalais à celle de la comtesse.)
Unissez-vous d'une chaîne éternelle...
N'oubliez pas que mon cœur loin d'ici...
Adieu, mon courage me quitte;
Et, malgré moi, des pleurs. Adieu, je prends la fuite.
N'oubliez jamais votre ami.
(Il veut sortir.)
LA COMTESSE.
D'Estelan!
MONTALAIS.
Arrêtez!
D'ESTELAN.
Sous un autre hémisphère,
Je vais ne m'occuper qu'à vaincre mon amour.
Si je puis n'être plus que l'ami de Saucerre,
Comptez tous deux sur mon retour.
Je reviendrai jouir de ce sentiment tendre,
Que de vos cœurs j'ai le droit de prétendre...
Oui, mes amis, je reviendrai...
Mais non, embrassez-moi... jamais je n'éteindrai
Ce feu dont l'ardeur me dévore;
Je l'aimerai toujours autant que je l'adore;
Et jamais, je le sens, je ne vous reverrai.
(Il sort.)

SCÈNE VIII.
LA COMTESSE, MONTALAIS, LA MARQUISE, M. DE PIENNE.

MONTALAIS.
Courons chez lui. Je garde un rayon d'espérance.
Tâchons de le fixer en France:
Nous lui devons notre bonheur;
Méritons le bienfait par la reconnaissance.

FIN DE L'AMANT BOURRU.

Imprimerie de Boulé et Cⁱᵉ, rue Coq-Héron, 3.

LIVRES A TRÈS BON MARCHÉ

Chez Ch. TRESSE, successeur de J.-N. BARBA,

PALAIS-ROYAL, A COTÉ DE CHEVET, DERRIÈRE LE THÉATRE-FRANÇAIS.

Les personnes qui prendront pour 50 fr. et au dessus, recevront leurs commandes franches de port et d'emballage dans toute la France. — Les envois sont suivis en remboursement.

ABRÉGÉ des antiquités nationales, ou Recueil de monuments pour servir à l'histoire de France, par Millin, 4 vol. in-4, 250 planches, 1837. 30 fr.

Œuvres d'Elzéar Blaze.

CHASSEUR (le) au chien d'arrêt, contenant les habitudes, les ruses du gibier, l'art de le chercher et de le tirer, le choix des armes, l'éducation des chiens, leurs maladies, etc., 2e édition, Paris, 1837. 7 fr. 50 c.
La première édition de ce livre instructif et amusant a été épuisée en six mois.

CHASSEUR (le) au chien courant, contenant les habitudes, les ruses des bêtes, l'art de les guetter, de les juger, de les détourner, de les attaquer, de les tirer ou de les prendre de force; l'Éducation du limier, des chiens courans, leurs maladies, etc., 2 vol. in-8. 15 fr.

CHASSEUR (le) aux filets, ou la Chasse des dames, contenant les habitudes, les ruses des petits oiseaux, leurs noms vulgaires et scientifiques; l'art de les prendre, de les nourrir et de les faire chanter en toute saison; la manière de les engraisser, de les tuer et de les manger; 1 vol. in-8. 7 fr. 50 c.

LIVRE (le) du roi Modus et de la royne Racio, 1 vol. 50 fr.

ALMANACH (l') des Chasseurs, contenant les opérations cynégétiques de chaque mois de l'année, des pronostications faites suivant les calculs du savant Mathieu Laensberg, des anecdotes sur la chasse, la vie miraculeuse de saint Hubert, patron des chasseurs, 1 vol. in-18, 1839. 1 fr.

VIE (la) militaire sous l'Empire, ou Mœurs de la garnison, du bivouac et de la caserne, 2 vol. in-8. 15 fr.

TRAITÉ de vénerie et de chasse, par Goury de Champgrand, Paris, 1769, 1 vol. in-4, fig. 6 fr.

ESSAI de vénerie, par le comte Desgraviers, 1 vol. in-8. 3 fr.

CHASSE (la) au fusil, par Magne de Marolles, 1 vol. in-8. 5 fr.

CHEFS-D'OEUVRE de Châteaubriand : Génie du Christianisme, 3 vol. in-8; les Martyrs, 2 vol.; — René et Atala, 1 vol. in-8; grand-raisin vélin, grand papier, 3 fr. le vol. au lieu de 15 fr.
Chaque ouvrage se vend séparément.

COLLECTION de 108 portraits des hommes illustres des 17e et 18e siècles, dessinés et gravés par Edelinc, etc., et une notice sur chacun d'eux, par Perrault, 2 vol. in-folio, cartonné en un vol., par Bradel, 12 fr., broché, 10 fr.

CONTEUR (le), romans, contes, nouvelles et anecdotes historiques, par Alboise, Lafon, Michel Masson, Raymond, Paul de Kock, etc. 6 vol. in-8, au lieu de 36 fr., 12 fr.
Il reste peu d'exemplaires de ce livre fort amusant.

COURS complet d'instruction à l'usage de la jeunesse, par Galland, 6 très forts vol. in-12, ornés de 62 pl. 5 fr.

DESCRIPTION des pierres gravées du cabinet du duc d'Orléans, au nombre de 173 planches et un portrait, 2 vol. pet. in-fol. Au lieu de 120 fr., net, 12 fr., cartonné à la Bradel. 15 fr.

Cette description, dont le premier volume a été fait par l'abbé Armand, le deuxième par Lachaud et Leblond, explique, reproduit la plus belle collection connue en ce genre d'antiquités. Trois hommes d'esprit se sont associés pour nous faire connaître les trésors que renfermait un des plus curieux cabinets de l'Europe : leur livre offre la lecture la plus piquante et la plus instructive. Jusqu'ici le prix élevé de cet ouvrage ne lui avait laissé accès que dans quelques rares bibliothèques; aujourd'hui le prix auquel il est côté les lui ouvre toutes.

DICTIONNAIRE étymologique de la langue française, par Ménage, 3 vol. in-folio. Ancien prix, 72 fr.; 24 fr. broché, et demi-reliure en 2 vol. 30 fr.

DICTIONNAIRE de l'Académie française, revu et corrigé par elle-même, 2 vol. in-4, 5e édit., 1835, et supplément. 10 fr.
— Idem, reliés en 1 vol. 12 fr.

DICTIONNAIRE des Beaux-Arts, par Millin, de l'Institut, conservateur des médailles des bibliothèques et professeur d'antiquités, etc., 6 vol. in-8, au lieu de 42 fr. 12 fr.

DICTIONNAIRE des arts et métiers, par Jaubert, 5 vol. petit in-8, au lieu de 30 fr. 7 fr.
C'est le seul ouvrage fait sur cette matière.

DICTIONNAIRE philosophique de Voltaire, 8 très forts vol. in-12, beau papier. 8 fr.
— Idem, 9 vol. in-18, gr. raisin vélin, Doyen, 1820. 9 fr.
Chaque volume de cette édition a coûté 2 fr. de fabrication.

ÉPHÉMÉRIDES universelles, ou Tableau politique, littéraire, scientifique ou anecdotique, représentant pour chaque jour de l'année un extrait des annales de toutes les nations et de tous les siècles, par MM. V. Arnault, Bory de Saint-Vincent, Dulaure, Guizot, Norvins et autres écrivains célèbres. 13 forts vol. in-8, qui contiennent la matière de 30 vol. in-8. 30 fr.
Le tome XIII et dernier contient la table par ordre chronologique et alphabétique.
Les derniers volumes 12 et 13 se vendent séparément 3 fr.

HISTOIRE politique et militaire du prince Eugène, vice-roi d'Italie, pour faire suite à l'histoire de Napoléon par Norvins. 2 beaux vol. in-8, cartes et fig. Au lieu de 15 fr. 6 fr.

HISTOIRE de Jeanne d'Arc, par Michaud et Poujoulat, 1 vol. in-8, portr. 2 fr.

HISTOIRE des Proverbes, Adages, Sentences, Apophtegmes dérivés des mœurs, des usages, de l'esprit et de la morale de tous les peuples anciens et modernes, précédés de l'Histoire abrégée de chaque peuple, par Méry, 3 forts vol. in-8. 12 fr.

HISTOIRE des environs de Paris, par Dulaure, 11 vol. in-8 br. en 7 forts vol., ornés de 100 fig. et d'une très belle carte sur une étendue de 44 lieues sur 68. 30 fr.

HISTOIRE de la révolution d'Espagne en 1820, et de l'Amérique du Sud, 1 vol. in-8 de 500 pages. 1 fr. 50 c.

HISTOIRE philosophique et politique de la Russie depuis les temps les plus reculés jusqu'au règne de Nicolas; par Esnault et Chennechot, 5 forts vol. in-8, impr. sur très beau pap. br. satiné. Ancien prix 35 fr. 7 fr.

HISTOIRE des chevaliers de Malte, par Vertot, 7 gros vol. in-12 de 5 à 600 pages. 5 fr.

HISTOIRE de Turenne, contenant les mémoires et correspondances écrits par lui, et publiés par Ramsay. 4 forts vol. in-12, et atlas de 13 grandes planches. Au lieu de 24 fr. 3 fr.

Cet ouvrage, qui renferme une foule de mémoires, de lettres et de pièces intimes et originales, aurait dû trouver place dans la collection des *Mémoires relatifs a l'Histoire de France*. Il est impossible d'allier, plus que ne l'a fait l'auteur, l'intérêt à l'exactitude historique.

ICONES *Plantarum Syriæ rariorum, descriptionibus et observationibus illustratæ, auctore La Billardière*. 50 pl. *Parisiis*, 1791 à 1812. 1 vol. in-4 br. Au lieu de 25 fr. 8 fr.

LEÇONS de littérature allemande, par Noël et Stoeber, trad. par De Rome, 2 forts vol. in-8 de 1300 pages petit-romain. 4 fr.

Nous connaissons bien mal et bien peu en France la littérature allemande. Les noms de trois ou quatre auteurs de cette nation sont seulement venus jusqu'à nous, et cependant sa littérature est une des plus riches, des plus variées. L'ouvrage que nous annonçons, et qui renferme des morceaux choisis d'une foule considérable d'écrivains célèbres en Allemagne, est indispensable tout à la fois à qui désire sortir de cette ignorance commune, et à qui recherche une attachante lecture.

LIGUE des nobles et des prêtres contre les peuples et les rois. 2 vol. in-8. 3 fr.

Cet ouvrage curieux, où les faits historiques sont rassemblés avec exactitude et présentés d'une manière piquante, avait été jugé digne des persécutions de la défunte censure, qui en a obstinément défendu l'annonce. La lutte de l'aristocratie contre les intérêts nationaux y répand un puissant intérêt.

MÉMOIRES sur l'impératrice Joséphine, ses contemporains, la cour de Navarre et la Malmaison; 2ᵉ édition, 3 vol. in-8 br. satinés, couv. imp. Au lieu de 22 fr. 7 fr.

Ces mémoires, tout à la fois historiques et intimes, sur un des personnages du Directoire, de l'Empire, dont le nom réveille les plus doux souvenirs, sont du petit nombre de ceux que l'histoire conservera. Cet ouvrage peut être considéré comme faisant le complément des *Mémoires de Mᵐᵉ la duchesse d'Abrantès*, et convient au même genre de lecteurs.

INSTRUMENS (les) aratoires d'agriculture, français et étrangers ou inventés par Boitard, ex-rédacteur principal de la société d'agronomique de Paris, etc. Beau vol. in-8, grand raisin, orné de 105 pl., plus de 1000 sujets bien gravés. 5 fr.

LOIS de Platon, par Grou. 2 vol. in-8 grand papier. Portrait. 3 fr. — *Idem*, in-12. 2 fr.

MÉMOIRES de Constant, valet de chambre de Napoléon. 6 vol. in-8. Au lieu de 42 fr. 12 fr.

MÉMORIAL pratique du Chimiste, Manufacturier; trad. de l'anglais de Mackensie sur la troisième édition. 3 vol. in-8, fig. 3 fr.

Ce livre est à la portée de tout le monde.

NOUVELLES leçons de littérature et de morale, pour faire suite à Noël et Laplace, par Béryat Saint-Prix. *Adopté par l'Université*. 2 forts vol. in-8. 9 fr.

NOVÆ *Hollandiæ Plantarum specimen, auctore La Billardière. Parisiis*, 1804 à 1806. 2 vol. grand in-4, br., ornés de 265 planches. Au lieu de 265 fr. 30 fr.

SERTUM *Austro-Caledonicum, auctore La Billardière*. 80 pl. *Parisiis*, 1824 à 1825, 2 parties, in-4, br. 12 fr.

OEUVRES complètes de Plutarque, traduites par D. Ricard, 30 forts vol. in-12, au lieu de 90 fr., 25 fr.

Cette édition est la seule qui existe des œuvres complètes de Plutarque, par ce traducteur.

On vend séparément les Vies des Hommes Illustres. 13 forts vol. in-12, au lieu de 45 fr., 10 fr.

OEUVRES complètes de L.-B. PICARD, de l'Institut. 11 vol. in-8, beau portrait, imprimée par Didot sur beau papier. 40 fr.

Le tome 11ᵉ du théâtre républicain se vend séparément.

OEuvres de PIGAULT-LEBRUN, 30 forts vol. in-8, y compris le *Citateur* et le *Voyage dans le midi de la France*, imprimé sur beau papier, par Didot. Beau portrait. Ancien prix, 160 fr. 75 fr.

Chaque volume contient 4 volumes in-12.

OEuvres de PIRON, 7 vol. in-8, belle édition. Notes de Rigoley de Juvigny, beau portrait. Paris, 1776. 12 fr.

OEuvres de WINCKELMANN, contenant l'histoire de l'art chez les anciens. Remarques sur l'Architecture; Lettres sur les Découvertes faites à Herculanum, et Recueil sur les Arts. 6 vol. in-8, ornés de 27 gravures. 12 fr.

Les trois derniers volumes se vendent séparément.

OEuvres de VOLTAIRE, dites des honnêtes gens. 40 forts vol. in-12, brochés. Neuchâtel, 1773. 25 fr.

OEuvres complètes de BOURDALOUE. 15 forts vol. in-12. Paris. 1716. 12 fr.

PROMENADE de Dieppe aux montagnes d'Ecosse, par Charles Nodier; 1 joli vol. in-12, fig. enluminées, et cartes d'Ecosse, par Decailleux. 2 fr.

RECHERCHES sur les costumes, les mœurs, les usages religieux, civils et militaires des anciens peuples, par Maillot et P. Martin, 6 vol. in-4, y compris 3 vol. d'atlas de 288 planches. Impr. par Didot aîné, 1804. 30 fr.

RECUEIL de monumens antiques, inédits, avec une Dissertation de l'ancienne Gaule, par Grivaud de la Vincelle, 3 vol. in-4, dont un atlas de 40 planches, contenant plus de 400 sujets bien gravés, pour faire suite aux ouvrages de la Sauvagère, Millin et autres. Papier vélin. 36 fr.

— *Idem*, demi-reliure en un fort vol., dos de maroquin, et l'atlas colorié ou peint avec le plus grand soin, pap. vélin. 50 fr.

THÉORIE des sentimens moraux, ou Essai analytique sur les principes des jugemens que portent naturellement les hommes, par Adam Smith, traduit de l'anglais sur la 7ᵉ édition, par Mᵐᵉ Grouchy, marquise de Condorcet; deux forts vol. in-8. Paris, Barrois aîné, 1831; 2ᵉ édit., corrigée et augmentée. 4 fr.

Avant la réimpression de ce livre il se vendait 20 fr.

THÉORIE de la coupe des pierres, par Frezier; 1 vol. in-4, dont un de 115 planches. Au lieu de 75 fr. 15 fr.

Il n'est pas besoin de faire ressortir l'utilité d'un ouvrage que l'élévation de son prix empêchait seule de devenir le Manuel des architectes et des ouvriers qui travaillent la pierre.

TRAITÉ de la législation des théâtres, ou Exposé complet et méthodique des lois et de la jurisprudence qui ont rapport aux théâtres, etc., par MM. Vivien et Edmond Blanc; 1 vol. in-8 de 500 pages. Au lieu de 7 fr. 3 fr.

VIES des peintres flamands, allemands, et hollandais, par Descamps, ornés de 168 portraits du célèbre Ficquet, bonne édition. 1753. 5 vol. in-4, y compris le voyage de la Flandre et du Brabant, avec des notes de Bohn et l'itinéraire des coches d'eau, bateaux à vapeur et chemins de fer. 40 fr.

VOYAGE le, tome 5, se vend séparément 5 fr.

VOYAGE en Italie, par Delalande; 9 forts vol. in-12 de 500 pages chacun, et un atlas de 30 planches; 2ᵉ édition. Paris. 9 fr.

VOYAGE chez les Birmans, dans l'Inde et dans la Chine, ou testament de l'Usurpateur d'Alompre, 3 vol. in-8. 4 fr.

VOYAGE dans le midi de la France, par Millin. 5 très forts vol. in-8, et un bel atlas de 80 planches, imprim. impériale. 25 fr.

— *Le même*, papier vélin. Quelques figures coloriées. 35 fr.

VOYAGES PREMIER ET SECOND dans l'intérieur de l'Afrique par le cap de Bonne-Espérance, par F. Levaillant. 5 vol. in-8 et atlas de 43 planches. Au lieu de 48 fr. 15 fr.

On vend séparément le deuxième Voyage. 2 vol. in-8, atlas de 23 planches, y compris la belle et grande carte d'Afrique. 9 fr.

La carte séparément, au lieu de 6 fr. 3 fr.

VOYAGE pittoresque à Naples et en Sicile, par Saint-Non, 4 vol. in-8 de texte et un atlas contenant 558 planches bien gravées, 2 vol. in-fol. cartonné à la Bradel, dos en percaline. 130 fr.

LES ROSES D'ENFANS, vaudeville, de Brazier et M. Dumersan.
PARICUK LE MAURE, drame en 3 actes.
MOSSIEUR SANS GÊNE OU L'AMI DE COLLÈGE, de Désaugiers et Gentil.
MADAME DE SÉVIGNÉ, com. en 3 act.
M. CHAPOLARD OU LE LOVELACE DANS UN GRAND EMBARRAS, vaudeville.
LA CAMARGO, vaudeville en 4 actes.
PRVILLE ET TACONNET, vaudeville grivois, par M. Merle et Brazier.
LE BOURRU BIENFAISANT, comédie en 3 actes, de Goldoni.
LA FILLE DE DOMINIQUE, vaudeville de MM. Villeneuve et Charles.
LE PHILOSOPHE SANS LE SAVOIR, comédie en 5 actes, de Sedaine.
ROSSIGNOL, vaud., de M. Vanderburch.
DEUX VIEUX GARÇONS, vaudeville, de MM. E. Vanderburck et Maillan.
LA JEUNESSE DE RICHELIEU OU LE LOVELACE FRANÇAIS, de Alex. Duval.
LA BELLE-SŒUR, drame, de MM P. Duport et Laurencin.
COLINE LA CRÉOLE OU L'OPINION, drame en 5 actes, de M. Ed. Alboize.
MADEMOISELLE RENARD, v. de M. Auger.
LE PRÉCEPTEUR À VINGT ANS, vaudeville en 2 actes, du même auteur.
MADAME GRÉGOIRE, chanson en 2 actes
LA CACHUCHA, vaudeville, de M. Morel
SAMUEL LE MARCHAND, drame en 5 a
LE PÈRE DE LA DÉBUTANTE, vaudeville-parade en 5 actes, de M. Théaulon.
J'AVOUE ET LE NORMAND OU FIN CONTRE FIN, vaud., de M. E. Vanderburck.
LA JUIVE, opéra en 5 actes.
UN PAGE DU RÉGENT OU LE PIÈGE, vaudeville, de M. Théaulon.
LES INDÉPENDANS, c. en 3 a., M. Scribe
LES NÉGRESSOIS, opéra en 5 actes.
MAL NOTÉ DANS LE QUARTIER, tableau populaire, de MM. Desvergers
L'UDIVIN, drame en 3 actes et prologue, de M. Ed Alboize.
SUZETTE, vaudeville en 2 actes.
GUILLAUME COLMANN OU LES DEUX GUIDES, d. en 5 actes, de M. P. Foucher.
LES DEUX EDMOND, vaudeville en 2 act.
LE SERMENT DE COLLÈGE, vaudeville, de M. Alexis Comberousse.
LA VIE DE GARÇON, vaudeville en 2 actes, de P. Duport et de Bieville.
LA CAMARADERIE, comédie en 5 actes, de M. Scribe.
LE COMMIS VOYAGEUR, vaudeville en 2 actes, de M. Paul Duport.
LA LISTE DE MES MAÎTRESSES, comédie, de MM. Léon et Regnault.
MES OU LES DEUX MÈRES, drame en 5 actes, de MM Ch. Desnoyers.
HERNANI, parodie d'Hernani, parodie en vers de 4 tableaux.
99 MOUTONS ET UN CHAMPENOIS, tableaux, de M. Vanderburck.
IN ANGE AU 6ᵉ ÉTAGE, vaudeville, de MM. Théaulon et Stephen.
FRASCATI OU LE SECRET D'ÉTAT, vaudeville en 3 actes, de A. Desforges.
LA COCARDE TRICOLORE, épisode de la guerre d'Alger, de M. Cogniard.
LA MUETTE DE PORTICI, opéra en 5 actes, de MM. Scribe et Auber.
LA FOIRE SAINT-LAURENT OU UNE REPRÉSENTATION EN 1780, vaudeville.
CLERMONT OU UNE FEMME D'ARTISTE, vaudeville en 2 actes, de M. Scribe.
PIOCHOE OU L'AMOUR ET LA GLOIRE, vaudeville en 2 actes, de M. Varner.
LE PERRUQUIER DE LA RÉGENCE, opéra comique en 3 actes, de M. Planard.
LE CHEVALIER DU TEMPLE, drame en 5 actes, de MM. Albert et Labrousse.
LE MARIAGE D'ARGENT, comédie en 5 actes, de M. Scribe.
LE CAMP DES CROISÉS, drame en 5 act.
MADEMOISELLE DAZINCY, vaudeville.
LE SCULPTEUR OU UNE VISION, vaudv.
LE BOURGEOIS DE GAND, drame en 5 actes et préface, de M. Hip. Roman
LE PAUVRE IDIOT, drame en 5 actes 8 tableaux, de MM. Dupetit et Foulon.
LOUISE DE LIGNEROLLES, drame en 5 a.
L'HOMME DE 60 ANS, vaudeville, de MM. Dartois Simonin et Ferdinand
MARGUERITE, opéra comique en 3 act.
GUILLAUME TELL, opéra en 3 actes.
DESSIN AMUSIS, vaudeville en 3 actes.

UN TESTAMENT DE DRAGON OU UNE AVENTURE DE PIGAULT-LEBRUN, vaud.
LE MÉNESTREL, comédie en 5 actes, en vers, de M. Camille Bernay.
LES BAYADÈRES DE PITHIVIERS, v. 3 a.
PEAU D'ANE, féerie en 9 tableaux en vaudeville, de MM. Wanderburch.
L'OUVERTURE DE LA CHASSE, vaudeville, de MM. Desvergers et Albite.
LA VIE DE CHATEAU, vaudeville en 2 a.
THÉRÈSE, opéra comique, de MM. Planard, Leuven et Carafa.
L'OBSTACLE IMPRÉVU, comédie, de Destouches, remise en 3 actes.
RICHARD SAVAGE, drame en 5 actes
LE GRAND PAPA GUÉRIN, vaudeville en 2 actes de MM. Laurencin et Decey.
LE GÉNÉRAL ET LE JÉSUITE OU LALLY-TOLLENDAL, drame en 5 actes, précédé d'une notice sur sa vie et sa mort, par Ch. Desnoyers.
LA BOULANGÈRE A DES ÉCUS, vaudeville en 2 actes, de M. Théaulon.
DON SÉBASTIEN DE PORTUGAL, tragédie en 5 actes, de M. Paul Foucher.
C'EST MONSIEUR QUI PAIE, vaudeville.
MADEMOISELLE CLAIRON, vaudeville en 2 actes, de M. Melesville.
ATY-BRAC, parodie en 5 boulettes, gros sel en vers et couplets.
UNE POSITION DÉLICATE, vaudeville, de MM Léonce et de Bernard.
RANDAL, dr. en 5 act., de M. Mallefille.
L'ENFANT DE GRAISSE, drame-vaudeville en 3 actes, de M. Pierre
SEPT HEURES OU CHARLOTTE CORDAY, drame, de Victor Ducange et Anicet
UN BAL DE GRISETTES OU ADOLPHINE, vaudeville grivois, de M. Paul de Kock.
CANDINOT ROI DE ROUEN, par MM. Daresne, Moreau et Mejer.
FRANÇOISE ET FRANCESCA, vaudeville en 2 actes, de M. Varner.
LA BASTILLE, opéra comique en 2 actes, de M. Planard.
LES TROIS CORS-MOUCHES, folie-vaudeville de M. Honoré.
LE POSTILLON FRANC-COMTOIS, vaud. en 3 actes, de M. Paul de Kock.
MADEMOISELLE SICHON, vaudeville, de MM. St-Georges et Leuven.
DAGOBERT, pièce drolatique en 3 actes en vers et prologue, id.
LES MARIS VENGÉS, vaudeville en 1 acte, de M. Comberousse.
UNE SAINT-HUBERT, comédie en 1 acte en vers, par l'auteur des Trois Chapeaux ou 1760.
LA FILLE DE VOLTAIRE, vaudeville, de MM. Théaulon et Stephen.
LES SERMENS, comédie en 3 actes en vers de M. Viennet.
LE PLANTEUR, opéra-comique en 2 actes de M. St-Georges.
JASMIN OU LE PÈRE DE L'ENFANT PRODIGUE, vaudeville grivois de M. Sauvage.
LE PÈRE PASCAL, vaud. en 2 actes, de MM. Varin et Laurencin.
NANON, NINON et MAINTENON, com. 3 a. de MM. Théaulon, Dartois et Leguillon.
PROGRÈS OU L'ÉCRIVAIN PUBLIC, comv. en 2 a., de MM. Bayard et Bieville.
LES CAMARADES DU MINISTRE, coméd. en vers de M. E. Wander-Burck.
VINGT-SIX ANS, comédie en 2 actes.
LA CANAILLE, com.-vaud. en 3 acts, de MM. Dumersan et Dumanoir.
L'ÉCLAIR, op.-com. en 3 actes.
L'INTÉRIEUR DES COMITÉS RÉVOLUTIONNAIRES, comédie en 3 actes.
LA LAITIÈRE DE LA FORÊT, vaud. 2 act.
ROBERIN ET GALINAFAT, vaud.-parade
LA FOIRE SALOESI, comédie en 3 act.
LE PANIER FLEURI, op. com. en 1 acte.
LE PROTÉGÉ, c.-v. en 1 a., de M. Rosier.
LE DIAMANT, com.-vaud. en 2 actes,
LES TREIZE, op.-com. en 3 actes.
LE MARIAGE DE LA MIDESSE, opéra en 4 actes, de MM. Cogniard frères
L'EAU MERVEILLEUSE, opéra-bouffon en 2 a., de MM. Sauvage et Grisard.
GENEVIÈVE LA BLONDE, com.-vaudev. en 2 act. de MM. B. jardet Bieville.
INDUSTRIELS et INDUSTRIÉES, revue en trois tableaux.

LE PIED DE MOUTON, coméd.-folie en 3 a., de MM. Ribié et Martainville.
PASSE MINUIT, vaud. en 1 act, de MM. Lockroy et Anicet Bourgeois.
LE SUSCEPTIBLE, com. en 2 actes.
LE PACTE DE FAMINE, drame hist. en 5 a., de MM. P. Foucher et E. Berthet.
LE TALENT DES CENT VIERGES, dr. 5 a.
ISABELLE DE MONTRÉAL, dr. en 3 act. de MM. P. Foucher et C. Delanoue.
UNE VISITE NOCTURNE, com.-v. en 1 a., de MM. Théaulon et Stephen.
MADAME DU BRIESSE, drame en 2 act. de MM. de St.-Ives et Max. Raoul.
UN MÉNAGE PARISIEN, drame en 2 a.
LES PRODIGUES DE LISE, com.-vaud. en 2 actes.
VALENTINE, vaudeville en 2 actes, de MM. Armand et Achille Dartois.
LA BELLE BOURBONNAISE, vaud. en 3 actes, de MM. Dumersan et Carmouche.
MADEMOISELLE DESGARCINS, vaud. en 1 acte, de M. Vanderburch.
PASSE MIDI, folie-vaudv. en 1 acte, de MM. E. Devaux et Dupois.
LES TROIS QUARTIERS, com. en 3 actes, de MM. Mazère et Picard.
LA NUIT DU MEURTRE, drame en 5 ac. de MM. Albert et Labrousse.
LA FIANCÉE, opéra en 3 actes, de MM. Scribe et Halévy.
LES OUVRIERS, vaud. en 1 acte, de MM. Francis, Brazier et Dumersan.
UN JEUNE HOMME CHARMANT, drame-vaud. en 5 actes, de MM. Paul de Kock et Varin.
L'ÉLÈVE DE SAUMUR, vaud. en 1 acte, de M. Vanderburck.
CARTE BLANCHE, comédie en 1 acte, de MM. Halévy et Duport.
CHASTEE ET CHORISTE, vaud. en 1 ac. de M. Varner.
RESTAURE, folie-vaud. en 1 acte, de MM. Duchâtelard et Varez.
LA FILLE DU MUSICIEN, drame en 5 actes, de M. Crosnier et Ferrière.
LA ROSE JAUNE, comédie-vaud. en 1 acte, de M. Léon Halévy.
LE SHÉRIF, opéra en 3 actes, de MM. Scribe et Halévy.
LES FILLES DE L'ENFER, drame en 5 actes, de M. Desnoyers.
CÉSAR OU LE CHIEN DU CHATEAU, comédie en 2 actes, de MM. Scribe, Varin et Dupeuty.
ARGENTINE, vaud. en 2 actes, de MM. Gabriel, Dupeuty et M. Delaporte, dédiée à mademoiselle Déjazet.
L'ANOSA, vaud. en 3 actes, de M. Rosier.
LA FIANCÉE DE LAMMERMOOR, drame en 5 actes, de Victor Ducange.
ARTISANO, OU L'OPÉRA IMPOSSIBLE, par MM. Carmouche et F. Laloue.
LE DÉBARDEUR, OU LE GROS-CAILLOU ET ALGER, de MM. Paul de Kock et Valory.
L'AMANT BOURRU, comédie en 5 actes et en vers, de Monvel, conforme à la représentation.
LÉONCE RUSSE, cœur français, de MM. Jouhaud et Royer.
LE SCANDALE, vaudv. en 1 acte.
SUJET ET DUCHESSE, drame.
LE BAMBOCHEUR, vaudev.
LE PHILTRE, opéra de Scribe.
LE TASSO, drame en 3 actes, de M. Alex. Duval.
LUCINDE OU LA VIEILLE DE SURESNE, drame en 3 actes.
A MINUIT, drame en 5 actes.
TIBÈRE, tragédie en 3 actes, de Chénier.
L'HOMME GRIS, comédie en 3 actes.
CARNAVAGE, drame en 3 actes, de Desnoyers.

Imprimerie de Bossi et Co., rue Coq-Héron, 3.

www.ingramcontent.com/pod-product-compliance
Lightning Source LLC
Chambersburg PA
CBHW060627050426
42451CB00012B/2465